Mustafa Ali Akca
Tuncay Aydoğan

Kablosuz Algılayıcı Ağlar ile Mera Hayvancılığı Uygulaması

Mustafa Ali Akca
Tuncay Aydoğan

Kablosuz Algılayıcı Ağlar ile Mera Hayvancılığı Uygulaması

Türkiye Alim Kitapları

Impressum / Künye
Bibliografische Information der Deutschen Nationalbibliothek: Die Deutsche Nationalbibliothek verzeichnet diese Publikation in der Deutschen Nationalbibliografie; detaillierte bibliografische Daten sind im Internet über http://dnb.d-nb.de abrufbar.

Deutsche Nationalbibliothek tarafından yayınlanan bibliyografik bilgiler: Deutsche Nationalbibliothek, bu yayını Deutsche Nationalbibliografie'de listeler; detaylı bibliyografik bilgi İnternet'te http://dnb.d-nb.de sitesinde mevcuttur.

Coverbild / Kitap kapağı resmi: www.ingimage.com

Verlag / Yayıncı:
Türkiye Alim Kitapları
ist ein Imprint der / yayınevinin bir ticari markasıdır
OmniScriptum GmbH & Co. KG
Bahnhofstraße 28, 66111 Saarbrücken, Deutschland / Almanya
Email / E-posta: info@turkiye-alim-kitaplary.com

Herstellung: siehe letzte Seite /
Basım yeri: son sayfaya bakın
ISBN: 978-3-639-81256-5

İÇİNDEKİLER

Sayfa

ÖZET

Kablosuz Algılayıcı Ağlar (KAA), haberleşme teknolojilerindeki gelişmelerle birlikte başta endüstri, sağlık, savunma, eğitim gibi birçok alanda yaygın biçimde uygulanmıştır. Yaygınlaşmasının en önemli özellikleri taşınabilirlik, ölçeklenebilirlik, gerçek zamanlı veri aktarımı ve kendi kendini organize etmedir.

Hayvancılıkta, hayvanların özellikle vücut sıcaklığı ve hareketliliklerinin izlenmesi hayvanların bazı sağlık durumlarının tespiti açısından ayrı bir öneme sahiptir. Mera hayvancılığında geniş bir arazi üzerinde serbest olarak dolaşan hayvanların izlenmesi besi hayvancılığına göre özel zorluklar içermektedir.

Bu çalışmada KAA kullanılarak, mera hayvanlarının sağlık durumlarını değerlendirmek için vücut sıcaklığı ve hareketlilik verilerinin algılanıp izlenmesi ve değerlendirilmesini sağlayacak bir sistem geliştirilmesi amaçlanmıştır.

Geliştirilen sistemin donanım altyapısında XBee Seri 1 modülleri, sıcaklık ve ivmesensörleri kullanılmıştır. Yazılım altyapısında ise modülleri programlamak için Arduino IDE, izleme sistemi yazılımında ise C#, MSSQL, web arayüzünde de Asp.Net araçlarından faydalanılmıştır.

Araştırma sonunda elde edilen sistem sayesinde, çiftçi meradaki hayvanların vücut sıcaklıklarını, adım sayılarını ve bunlara bağlı olarak kızgınlık aktivitelerini izleyebilmektedir. Yazılım, çiftçiye hayvanın vücut sıcaklığı ve hareketliliğine bağlı konularda uyarı vermekte ayrıca ineklerin süt verimlilik takibide yapabilmektedir.

ŞEKİLLER

Sayfa

ÇİZELGELER DİZİNİ

Sayfa

SİMGELER VE KISALTMALAR DİZİNİ

CSMA	Carrier Sense Multiple Access
GPS	Global Positioning System
KAA	Kablosuz Algılayıcı Ağlar
OIE	Dünya Hayvan Sağlığı Örgütü
SOSUS	Sound Surveillance System
TDMA	Time Division Multiple Access
USB	Universal Seri Bus
WMAN	Wireless Metropolitan Area Network
WPAN	Wireless Personel Area Network
WSN	Wireless Sensor Network
WWAN	Wireless Wide Area Network

1. GİRİŞ

İnsanoğlunun en eski uğraşı alanlarından ve geçim kaynaklarından birisi hayvan yetiştiriciliğidir. Günümüzde de bu önemini sürdürmektedir. Hayvancılık sektörü, ülke ekonomisini geliştiren, birim yatırıma en yüksek katma değer oluşturan ve en düşük maliyetle istihdam imkânı sağlayan sektörlerden birisidir.

Hayvancılık, insan beslenmesinde esansiyel besin maddelerinin kaynağını oluşturmak ve dengeli beslenmeye katkıda bulunmak yanında, bitkisel üretim ve sanayi artıkları ile başka türlü değerlendirilmesi mümkün olmayan alanları değerlendirme ve istihdam yaratma gibi özelliklere sahip olan çok yönlü bir üretim sektörüdür. Hayvancılık et, süt ve diğer hayvansal ürünler sanayii dışında, doğrudan hayvancılığa dayalı ilaç, yem ve hayvancılık ekipman sanayi kolları ile yeni istihdam alanları da yaratarak ekonomiye büyük katkı sağlamaktadır (Kozan, 2011).

Meralar meyilli, engebeli ve taban suyu derinde olan kıraçarazilerde seyrek ve kısa boylu bitkilerin oluşturduğu yemalanlarıdır. Meralar, taban suyu derinde olmak şartı ile düzalanlarda da bulunabilirler. Meralardaki bitkiler seyrek ve kısa boylu oldukları içinburalardan özellikle hayvan otlatmak suretiyle faydalanılır (Babalık, 2013).

Dünya mera alanları yaklaşık 3.4 milyar hektar olup, bu alanların % 12'si Çin'de bulunmaktadır. Bu ülkeyi sırasıyla Avustralya (%11), ABD (% 7), Brezilya (% 6), Kazakistan (%5), Suudi Arabistan (%5), Moğolistan (%4), Sudan (%3), Arjantin (%3) ve diğer ülkeler (%44) izlemektedir. ABD'de hayvanların tükettiği kaba yemin % 40'ı meralardan % 20'si tarla tarımı ile üretilen yem bitkilerinden sağlanmaktadır, yoğun yemlerin payı ise % 40'tır. Türkiye, dünya mera alanlarının %0.38' ine sahiptir ve dünya sıralamasında 46. sırada yer almaktadır.

Avrupa Birliğinin en fazla mera alanı olan ülkesi ise İspanya olup 11.5 milyon hektar ile dünya mera alanlarının %0.33'üne sahiptir (Yıldız, 2013).

TÜİK 2012 verilerine göre ülkemiz meraları 14.6 milyon Ha ile ülkemiz orman alanlarının %67'si kadar bir alanı kapsamaktadır. Bu alan ülkemizin %18'inin mera durumunda olduğunu göstermektedir. Bölgelere göre sıralandığında Doğu Anadolu, İç Anadolu ve Karadeniz bölgeleri ilk sıralarda yer almaktadır. Mera kuru ot verimliliğine göre ilk sırayı 1000 Kg/Ha ile Karadeniz, 900 Kg/Ha ile Doğu Anadolu, 600 Kg/Ha ile Ege ve Marmara bölgeleri oluşturmaktadır.

Mera şartlarında yapılan hayvancılık karlı bir hayvancılıktır. Bu nedenle hayvan beslemede önemli bir yeri olan çayır ve meralar büyük önem taşımaktadır.

Hayvanların, sağlık durumlarının anlık olarak tespit edilmesi, ileride ortaya çıkabilecek daha büyük hastalıkların önlenmesinde önemi bir rol oynamaktadır. Hayvanın vücut sıcaklığı ve hareketliliği ölçümlerinin sonuçlarına göre hayvan rahatsızlıkları hakkında oldukça isabetli yorumlar yapılabilmekte ve hemen teşhis konulabilmektedir. Hastalık durumlarının yanı sıra hayvanlarda belirli dönemlerde ortaya çıkan kızgınlık faktörünün önceden tespit edilebilmesi de veteriner hekimler tarafından önemsenmiştir. Besi hayvancılığında kullanılan mevcut sistemlerde hayvanlara ait sıcaklık ve hareketlilik verileri ölçülerek merkezi üniteye aktarılmakta ve bu veriler üzerinden hayvanların sağlık ve kızgınlık dönemleriyle ilgili yorumlar yapılabilmektedir.

Yaygın kullanılan mevcut ticari sistemler hayvanların boyun, bilek ve deri altına yerleştirilen sıcaklıklık ve hareketlilik sensörlerinden alınan verilerin merkezi değerlendirme üniteleri içine aktararak kaydeder ve bu verileri istatistiksel bilgilere ışığında değerlendirir. Bu sistemler genellikle et verimimliğili, besleme otomasyonları gibi yaygın kullanılan modüller ile birleştirilerek çiftliklere bütün bir paket halinde satılmaktadır.

Mevcut sistemlerin sensör verileri merkezi ünitelere genellikle maksimum 100m ile 150m arasında veri iletimi imkânı sağlamaktadır. Bu mesafenin besi hayvancılığı için uygun olduğu görülmektedir. Bu sistemlerin büyük besi çiftliklerinde veya sınırlı mera arazilerindeki hayvancılıkta kullanımı için çok sayıda ara aktarıcı istasyon kullanılmasını gerektirir.

Bu araştırmada, her çeşit büyükbaş mera hayvancılığı için hayvanlardan alınacak sıcaklık ve hareketlilik verilerinin, KAA (Kablosuz Algılayıcı Ağlar-WSN Wireless Sensor Network) özelliklerine sahip bir altyapı üzerinden merkezi değerlendirme ünitesine aktarılması ve bu verilerin hayvancılık verimini artıracak biçimde değerlendirilmesi sağlayacak bir sistemin geliştrilmesi amaçlanmaktadır.

Bu çalışmada hayvancılıkta sıcaklık ve hareketlilik verilerinin özellik ve önemi incelenip, bu çerçevede mera hayvancılığında KAA'ların kullanılabilme imkânı araştırılmıştır. Çalışma sonunda hayvanların sıcaklık ve hareketlilik verilerinin KAA teknolojisi ile alınması, merkezi üniteye aktarılması, verilerin analiz edilerek kızgınlık tahmini yapılması, verilerin grafik arayüzle anlamlandırılması, raporlanması ve tüm sistemin internet üzerinden izlenimini sağlayan bir sistemin uygulanması hedeflenmektedir.

Tezin ilerleyen bölümlerinde kaynak taraması ve değerlendirmeleri, mera hayvancılığı özellikleri, KAA haberleşme teknolojisi, amaçlanan çalışmanın tasarımı ve uygulaması ayrıca araştırma bulgularına yer verilmektedir.

2. KAYNAK ÖZETLERİ

Bu bölümde araştırma konusuna temel oluşturan mera hayvancılığındaki elektronik otomasyon ve KAA (Kablosuz Algılayıcı Ağlar)'lar ile ilgili çalışmaya katkı sağlayan kaynak özetleri verilerilerek değerlendirilmiştir.

Uzun (2012) "Mera Hayvancılığında Uydu Görüntü İşleme Teknikleri Ve Coğrafi Bilgi Sistemi Kullanımı" konulu tezinde mera hayvancılığının Türkiye'deki önemine değinmiş, otlak alanlarda sürdürülebilir bir hayvancılık yapılabilmesi için ekoloji, finans ve hayvancılıkla ilgili bilgilerin duyarlı, prtaik ve karlı yönetim stratejileri ile entegre edilmesi gerektiğini savunmuştur.

Demir (2009) "Destekleme Politikalarının Hayvancılık Sektörü Üzerine Etkilerinin Bölgesel Karşılaştırmalı Analizi" konulu tezinde uzun yıllardan beri devam eden hayvancılık desteklerinin 2005 yılından sonra arttığı ve bunun hayvancılık sektörünü önemli ölçüde etkilediğini ifade etmiş, bu politikların bölgesel etkisini ortaya koymak için daha ileri teknolojinin kullanıldığı yerlerde et ve süt verimliliğinin en yüksek olduğunu savunmuştur. Ayrıca verimin yüksek olduğu Batı Marmara Bölgesine ve Kuzey Doğu Anadolu Bölgesine çalışama elde sonuçlarında üreticilerin desteklerden daha iyi faydalanabilmeleri yani desteğin amacına ulaşması için, genel eğitim düzeylerinin yüksek olması, desteklemelerle ilgili eğitim çalışmalarından daha fazla yararlanmaları ve bu çalışmalara katılmaları için gençlerin teşvik edilmesi ve ihtisaslaşmış işletmelerin teşvik edilmesi gerektiğini ifade etmiştir.

Kara (2009) "Meraya Dayalı Hayvancılık Yapan İşletmelerin Sosyoekonomik Analizi Ve Mera Kalitesinin İşletme Başarısına Etkisi: Erzurum İli Örneği" konulu tezinde başta mera kalitesi olmak üzere işletmelerinin başarısına etkişi olan faktörleri incelemiş, çalışmanın yürütüldüğü köyler gayeli olarak mera kalite dereceleri önceden belirlenmiş olan köyleri seçmiştir. Çalışmada kullanılan veriler 2004-2005 yılı üretim dönemine ait olup çiftçilerle yüz yüze gerçekleştirilen anket çalışmalarını 99 anket ile sonuçlandırmıştır. Mera kalitesindeki %16.5'luk bir farkın meraya dayalı süt sığırcılığı yapan işletmeler için yeter gelirli işletme organizasyonlarında 2 da'lık işletme büyüklüğü farkı meydana getirdiği tespit edilmiştir. Mevcut çalışma bu konuda yapılmış ilk çalışma olduğundan elde edilen bulguların teyidi için mera kalitesi bakımından daha geniş değişim aralığına sahip daha uzun soluklu çalışmaların yapılması gerektiği sonucuna varılmıştır.

Bilgi çağı olarak adlandırılan yüzyılımızda, bilgilerin daha hızlı ve kolay bir şekilde işlenmesi yönünde talep sürekli artarken tasarımcılar artan bu talepleri karşılamak üzere daha küçük olmasına karşın daha gelişmiş özelliklerdeki donanımları tasarlamaya çalışmaktadır. Bu arz-talep ilişkisi ve rekabet ortamı teknolojik ürünlerin maliyetlerinin düşmesine ve böylece kullanımının yaygınlaşmasına yol açmaktadır (Çakıroğlu, 2006).

Teknolojik ilerlemeler ışığında değişik teknikler geliştikçe kablosuz veri aktarımı üzerine uygunluk çalışmaları sürdürülmektedir. Kablosuz haberleşme ve gömülü hesaplama teknolojisindeki gelişmelerle birlikte uzaktan sağlık izleme hizmetleri önem kazanmıştır. Böylece düşük maliyetli ve taşınabilir izleme sistemlerinin gerçekleştirilmesi ve dışından izlenmesi mümkün hale gelmiştir (Lin vd., 2004).

Kablosuz Algılayıcı Ağlar (KAA) mikro elektromekanik sistemlerdeki gelişmeler ve kablosuz haberleşme sistemlerindeki ilerlemelerle birlikte 1990'lu yıllarda önemli bir araştırma alanı haline gelmeye başlamıştır (Akyıldız, 2002).

IEEE 802.15.4 standart temelli bir Kablosuz Algılayıcı Ağ teknolojisi olan ZigBee, bu standardın belirlediği fiziksel radyo frekanslarının tüm avantajlarını kullanmaktadır. ZigBee teknolojisi, uzaktan izleme, kontrol ağları uygulamalarında ve geniş çaplı kablosuz ağların daha düşük maliyet ve güç tüketimi ile oluşturulmasında kullanılabilmektedir. Uzun yıllar boyunca ZigBee temelli cihazlar üzerlerindeki pilleri ile çalışarak verilen izleme görevini yerine getirmektedir (Karasulu vd., 2010).

Kablosuz Algılayıcı Ağlarda ise algılayıcı elemanların her birinin yerleştirildikleri pozisyonun belirlenmesi rasgele şekilde dağıtılmasıyla gerçekleştirilebilmektedir. Ağ içerisinde hareketli ve sabit pozisyonlu algılayıcılar olabilmektedir. Ayrıca bu elemanlar işbirliği içerisinde çalışmaktadırlar. Dolayısıyla elemanları kendi aralarında sürekli iletişim halinde olmaktadırlar (Akyıldız, 2002).

Askeri amaçlı olarak yapılan bir uygulamada hedeflenen alana uçaktan binlerce sayıda küçük algılayıcı düğümler atılmıştır. Bu düğümler kablosuz haberleşme üniteleri aracılığıyla birbirleriyle organize olarak saptadıkları verileri birbirleri üzerinden merkezlere iletilmiştir (Mohammad ve Imad, 2005).

Çeşitli simülasyon programları en son kullanılan protokoller doğrultusunda geliştirilmektedir. Bir başka uygulamada da ağ üzerinde dolaşan verinin rahatlıkla gözlenebildiği, ağ özelliklerinin belirlenebildiği uygulamalar gerçekleştirilmiştir (Bilgen ve Demirer, 2009).

Çakıroğlu (2006) "Kablosuz Algılayıcı Ağlar İçin Dinamik Kanal Atlamalı Güvenlik Sistemi Tasarımı" adlı doktora tezinde KAA'lara dışarıdan gönderilen radyo sinyalleri ile paketlerin bozulmasına ve iletişimi ortamının sürekli meşgul olmasına neden olan boğma saldırılarını engellemek için bir sistem tasarlanmış ve deney sonuçlarında başarılı olmuştur.

Erginöz (2008) "Kablosuz Algılayıcı Ağlarında Sıcak Nokta Probleminin Çözümü İçin Yöntemler" başlıklı yüksek lisans tezinde geniş bir alana yayılmış çok sayıda düğümle yapılan bir uygulamada merkezi düğüme veri aktarılırken pil ömrünü ve buna bağlı olarak yaşam süresini artırmak için çeşitli çalışmalar yapmıştır.

Sırma (2006) "Kablosuz Algılayıcı Ağlarının Omnet++ İle Benzetimi" konulu tezinde KAA'ların Omnet++ ile benzetimini yapıp, bu yapıların tıbbi bakımlarda kullanılmasının ve kablosuz yangın alarm sistemlerinin oluşturulması için bir alt yapı sağlayacağını savunmuştur. Ayrıca bu tezde yeni nesil KAA düğümlerinin özelliklerinden ve teknolojilerinden bahsetmiş daha önceki dönemlerde maliyeti ve eksiklikleri nedeniyle yapılamayan uygulamaların artık kolayca hayata geçirilebileceğini savunmuştur.

Yıldırım (2012) "Kablosuz Algılayıcı Ağlarında Saat Eşzamanlaması" konulu doktora tezinde kendi yerel zaman anlayışına sahip olan algılayıcı düğümlerin arasında genel bir zaman kavramı oluşmasını sağlayan dağıtık saat eşzamanlamasının, kablosuz algılayıcı ağlarındaki çoğu uygulama ve protokolün doğru ve verimli çalışmasını için önemli bir gereksinim olduğunu savunmuştur. Ayrıca düğümlerin bir dağıtık uzlaşma algoritması yürüterek ortak bir saat hızında anlaşamlarının yavaş sel yöntemiyle saat eşzamanmasının başarımını ve ölçeklenebiliriğini büyük ölçüde arttığını tespit etmiştir ve olarak literatürdeki algoritmalardan daha kolay gerçekleştirilebilir bir optimal meyilli saat eşzamanlama algoritması tasarlamıştır.

Tümer (2011) "Bina İçi Kablosuz Algılayıcı Ağlar İçin Enerji Verimli Yönlendirme Protokollerinin Geliştirilmesi" konulu doktora tezinde bina içi kapalı ortamlarda kullanılan kablosuz algılayıcı ağlar için metan gazı izleme sistem tasarımı ve enerji verimli yönlendirme protokolleri sunmuştur. Ayrıca bu protokolleri oluştururken düğümlerin pil ömürlerini dikkate almış, literatürdeki LEACH protokolüne dayalı, enerji verimli 3 yönlendirme protokolü geliştirilerek başarımları incelenmiştir.

Akgün (2010) "Kablosuz Algılayıcı Ağlarda Bağlantı Sayısının Sınırlandırılmasının Ağ Ömrü Üzerindeki Etkilerinin İncelenmesi" konulu yüksek lisans tezinde KAA'larda ağ ömrünün eniyilenmesi için düğümlerin enerjilerini dengeli bir şekilde tüketmesi gerektiğini savunmuş, bununla ilgili olarak dengeli enerji tüketimi için düğümlerin verilerini başka düğümler üzerinden onları röle olarak kullanarak merkezi düğüme iletmesi gerektiğini söylemiştir. Daha sonra ise bir tamsayı-doğrusal programlama modeli kullanarak, ulaşılabilecek en uzun ağ ömrünün, düğümlerin oluşturdukları giriş ve çıkış bağlantı sayısının sınırlandırılmasıyla nasıl etkilendiği irdelemiştir.

Bandırmalı (2010) “Yeni Bir Kablosuz Algılayıcı Ağ Veri Bağı Katmanı Güvenlik Protokolü Tasarımı” konulu tezinde özellikle sağlık ve askeri alanlar olmak üzere kritik KAA uygulamalarında yüksek güvenlik sağlayan protokollere olan ihtiyaç duyan projeler için yeni bir protokol tasarlamıştır. Çalışmasında özellikle sınırlı kaynakları bulunan düğümlerde kullanılan SEA blok şifreleme algoritması ile veri gizliliği ve güvenilirliği için kullanılan CTR ve CBC-MAC asıllama/bütünlük denetim yaklaşımlarının bütünleşik kullanımıyla geliştirilken ve kısaca YP olarak adlandırılan yeni bir protokol sunmuştur.

Küçük (2010) “Akıllı Anten Sistemi Kullanan Kablosuz Algılayıcı Ağlarda Bağlantı Analizi Ve Konum Belirleme Algoritması” konulu tezin kapsamında SSS (Sektoral Sweeper Scheme, Sektörel tarama tekniği)’nin geliştirilmesiyle oluşturulan STKB (Sektörel tarama tabanlı konum belirleme) tekniğindeki temel düşüncesi örüntü kullanılarak verilerin algılayıcı alanda iki boyutlu bir tarama işlemini gerçekleştirilmesi ve merkezi düğümde mesafe kestirim (MKA) ve açı kestirim (AKA) algoritmalarının çalıştırmasını amaçlamıştır.

Göreke (2011) "Kablosuz Algılayıcı Ağlarla Yaşamsal İşaretlerin Takibi" konulu yüksek lisans tezinde hastalara ait tansiyon, nabız ve ateş verilerini ölçen ve bu verileri ISM bandındaki 915 MHz frekansında bilgisayara bağlı ana düğüme ileten birbirinden bağımsız olarak çalışan algılayıcı devreler geliştirilmiştir. Her bir algılayıcı düğüm için kendi içerisinde Vücut Alan Ağı (Body Network Area) olarak bilinen PIC 16F876 mikrodenetleyici temelli I2C serisi haberleşme standartını kullanan bir kablolu haberleşme ağı geliştirilmiştir. Hastalar üzerine bağlı algılayı düğümler ile merkezi düğüm arasındaki kablosuz haberleşme ağını bir arayüz programda göstermiştir.

Türker (2011) "Kalp Atışının Sezilmesi ve Alınan Sinyalin Kablosuz Algılayıcı Ağlar İle İletimi" konulu yüksek lisans tezinde hastaların anlık ve sürekli olarak takiplerini gerektiren durumlarda hareket sınırlılığı olmadan kalp sinyallerini izlemek için, giyilebilir bir elektrokardiyogram (EKG) devresi tasarlanmış ve uzak mesafeye iletim uygulaması yapmıştır.

Glover (2009) "Antenna and Base-Station Diversity for WSN Livestock Monitoring" çalışmasında KAA'lar ile hayvanların hareketliliklerini izleme üzerine bir çalışma yapmıştır. Bu çalışmasında besi çiftliğinde hayvanların bulunduğu bölüme 2 adet alıcı düğüm yerleştirmiş, hayvanlardan gelen verilerin verimliliğini ve ileride projelerde kullanılabilirliğini ölçmüştür.

Lokhorst (2011) "WSN for healthy cows and welfare friendly farm management" isimli çalışmasında kablosuz algılayıcı ağlar ile hayvanlardan gelen adım sayıları, hareket etme, yatma ve ayakta durma sürelerini bilgisayar ortamına aktarıp, hayvan hareketlerini üç boyutlu modelleme üzerine bir çalışma yapmıştır.

Kaynak özetlerinde de görüldüğü gibi KAA'lar ile askeri, endüstiriyel, tıbbi gibi birçok alanda uygulamalar ve araştırmalar yapılmış, gün geçtikçe KAA özellikleri güçlenmiştir. Ayrıca hayvancılıkta, özellikle mera hayvancılığında otomasyonların öneminin arttığı görülmektedir.

3. MERA HAYVANCILIĞI VE KABLOSUZ ALGILAYICI AĞLAR

Bu bölümde mera hayvancılığının özellikleri, hayvancılıkta kullanılan otomasyon sistemleri ve araştırmanın teknolojik alt yapısını oluşturan KAA teknolojileri incelenmiştir.

3.1. Mera Hayvancılığı

Ülkelerin en önemli doğal zenginlik kaynaklarından birisi olan meralar, meyilli ve kıraç arazilerde insan müdahalesi olmadan ekolojik bir denge içerisinde seyrek ve kısa boylu bitkilerden kendiliğinden meydana gelen, ancak otlatılmak suretiyle değerlendirilebilen bitki örtüsü olarak tarif edilebilir (Özen vd 1993; Gökkuş ve Koç 2001). Kısa boylu bitkilerin biçiminin zor olması, özellikle de taşlı ve meyilli arazilerde imkânsız hale gelmesi nedeniyle meraların en ekonomik değerlendirme şekli hayvan otlatılmasıdır (Kara, 2009).

Süt sığırcılığında sütün maliyetini azaltan en önemli faktörlerden birinin uzun süre otlatılan çok iyi kaliteli meralar olduğuna vurgu yaptıktan sonra Tüzemen (1990) meralarda otlayan ineklerin besin maddesi ihtiyaçlarının büyük bir kısmının karşılanabildiğini ve ahırda beslenen hayvanlara nazaran süt verimlerinin daha yüksek olduğunu bildirmektedir.

Orta kalite bir meranın bile kültür ırkı süt ineklerinin yaşama payı ihtiyacına ek olarak 3-4 kg'lık süt için gerekli besin maddelerini sağlayabileceği; bu miktarın iyi meralarda 5-6 kg ve çok iyi merada 8-10 kg'a kadar çıkabileceği kaydedilmekte ve ortalama olarak 3-6 kg'lık bir süt veriminin karşılanabileceği belirtilmektedir. Görüldüğü üzere meraların süt ve et verimine olan etkisinin ülke hayvancılığı açısından önemi çok büyüktür. (Çakır vd 1995).

3.1.1. Hayvancılıkta kullanılan teknolojiler ve otomasyonlar

Hayvancılıkta genel olarak süt sağım, süt ölçüm, süt soğutma, yem karma, gübre yönetim, sürü yönetim, kimlik otomasyonu ve kızgınlık takip sistemleri kullanılmaktadır.

Süt sağım sistemlerine, hayvanlara bağlanan ünitelerden süt sağım işleminin otomatik olarak yapılmasına imkan sağlayan yapılardır. Bilgisayarlara bağlı kimlik yönetim sistemleri ile birlikte çalışırlar. Sağılan süt miktarı otomasyonlar içerisinde saklanır.

Süt ölçüm sistemi, süt sağım sistemi ve süt tankları arasına yerleştirilen, hayvanlardan sağılan sütlerin ölçülmesine yarayan ara bir birimdir.

Yem karma makinaları, hayvanların günlük besi ihtiyaçlarına göre yem hazırlamak için kullanılan sistemlerdir.

Gübre yönetim sistemleri hayvanların bulundukları zeminin temizlenmesi ve toplanan gübrenin saklanması için kullanılan sistemlerdir.

Sürü yönetim sistemleri, sağımı yapılan her sağmalın verisini kaydeden ve bu verileri analiz eden yazılım ve donanımlardan oluşmaktadır. Ayrıca kızgınlık takibi içeren modüleri de vardır.

3.1.1.1. Hayvan kimlik sistemi

Hayvan kimlik sistemi ve çiftlikten çatala ürün izlenebilirliği dünya çapında kullanımı giderek yaygınlaşan bir sistemdir. Hayvanların sadece kime ait olduklarını belirlemek için bilinen en eski yöntem. Hayvan kimlik ve izleme sistemleri hayvan sağlığı ve gıda güvenliği araçları yönetiminde çok önemlidirler.

İzlenebilirlik sisteminin farklı türden her bir hayvanın ya da homojen gruptaki hayvanların kimlik tespiti yapılırken onların hareketleri ile oluşan izlere, öncüllerin doğru tespitine ve bu bilginin uygun alıcılarla kaydedilmesine bağlıdır.

Hastalıkları önleme ve kontrol etme, hayvansal ürünlerde gıda güvenliği ve ihracat sertifikası ile ilgili ilke ve aktivitelerin etkisini artırmak için Dünya Hayvan Sağlığı Örgütü (OIE) üye ülkeleri ve eyaletlerine hayvan kimlik ve izlenebilirlik sistemini hayata geçirmeleri yönünde yardım ediyor. OIE izlenebilirlik konusunu ilk kez 1998'de Arjantin-Buenos Aires'te düzenlenen uluslararası "Çiftlikten Çatala Daimi Hayvan Kimlik Sistemleri ve İzlenebilirlik" seminerinde sunmuştur.

İzlenebilirlik sistemleri öncelikle üreticilere ve tesislere hayvanlarını daha etkili bir şekilde idare etmelerinde yardımcı olur. Büyükbaş/küçükbaş hayvan sağlık programları ya da hayvancılık veya genetik geliştirme programları uygulamalarını sağlar. Salgınlara cevaben ya da hastalık önleme bağlamında, izlenebilirlik ülkelere o bölgede ortaya çıkan hastalıkların yayılmasını engelleme, denetleme, salgınların erken tespiti ve ihbarı, hızlı yanıt, hayvan hareketlerini kontrol ve belgelendirme ya da bölümleme konusunda destek verir.

Gıda güvenliği açısından bakıldığında izlenebilirlik, gıda kontaminasyonunu önleme ve kriz anında hem çabuk hem de etkili biçimde müdahale edilmesini sağlar. İzlenebilirlik esaslı sistem, ihraç edilen ürünlerde güvenlik sigortası gerektirdiği için gayrimeşru ticaret kotalarının saf dışı bırakılmasına da yardım eder. İzlenebilirlik teknikleri gıda maddelerinin menşei hakkında olduğu kadar tipik ya da duyusal (organoleptik) kaliteleri ile ilgili de ek garanti sağlar.

OIE ve Uluslararası Gıda Standartları Komisyonu tarafından belirlenen standartlara göre hayvansal üretim ve gıda zinciri boyunca çiftlikten çatala-izlenebilirliği sağlamak için hayvanların menşeinin canlı hayvan kimlik sistemi ve izlenebilirliği ile hayvansal ürünlerin izlenebilirliği arasında önemli bir yeri vardır.

Ayrıca Türk Veterinerler Hekimler Birliği, ilgili hükümet organları ve özel sektöre danışarak ülkede hayvan kimlik sistemi ve izlenebilirliği hayata geçirmek ve teşvik etmek için yasal bir yapı oluşturma çalışmalarına başlamıştır. Bu yasal yapı amaçlar, faaliyet alanı, hayvanların türü, kurumsal düzenlemeleri tanımlama ve kayıt teknolojisi tercihlerini içeren tarafların zorunlulukları, gizlilik anlaşması, bilgi erişilebilirliği konusu ve bilgi alışveriş metotları gibi verilerini içermesi hedeflenmektedir.

Değişik faktörler ulusal ya da bölgesel hayvan kimlik ve izlenebilirlik sisteminin yapısını etkileyebilir. Bu anlamda faktör olarak ülkedeki hayvan ve halk sağlığı durumu, değişen hayvan nüfusu (cins ve üreme, sayıları ve coğrafî dağılım gibi), üretim şekli, hayvanın faaliyet alanı, uygun teknolojiler ve maliyetleri, hayvan ve hayvansal ürünlerin örgütlü ticaret şekli kadar hesaba katılmalıdır. Sistem oluşturulurken, kültürel bakış açısı kadar, maliyet/fayda analizi ve diğer ekonomik, coğrafî koşullar ve çevre de ihmal edilemez.

Hayvansal üretimdeki hayvan klonlama ve gen aktarımlı (transgenik) hayvanlar gibi yeni teknolojiler gelecekte ek hayvan izleme düzenlemeleri yaratılmasını gerektirecektir. Gelecekte belli durumlarda otoritelerin başlı başına her bir hayvanı ve bu hayvandan yeni geliştirilen yöntemlerle elde edilmiş her ürünü izleme ihtiyacı olacaktır. Yeni teknolojilerin ayrıca yeni çözüm önerileri sunması beklenmektedir. Mesela, DNA tanımlama perakende seviyesinde hayvan tanımlama ve denetleme sisteminin oluşmasına olanak tanıyabilir. Buna rağmen, ileri teknoloji ya da kağıt üzerinde basit bir yöntemle yapılsa da, "Karada Yaşayan Hayvanların Sağlık Kodu" olarak tanımlanan izlenebilirliğin esasları evrenseldir ve her durumda başvurulabilir.

Gıda zinciri dâhilinde değerlendirilmesi gereken izlenebilirlik sistemi, hayvanlardaki hastalıkların kontrolü ve gıda güvenliği için bir araç olan ve hayvansal bir ürünün çıkış noktası olan çiftlikten itibaren izlenebilirliğini sağlar. İzlenebilirlik sistemi, hayvan sağlığı, gıda güvenliği ve gıdanın menşeine uzanan organoleptik (duyusal) nitelikler arasında da bir bağ oluşturur.

Evcil hayvanlar ve diğerlerinin kimlik belirlemesinde kullanılan kulak mührü plastik materyalden yapılır.

Kulak mühürleri genellikle hayvana ait kimlik numarasını taşır. Bu kimlik numarası (ID) tek olması için belirli ulusal kuruluşlar tarafından belirlenir, genellikle de Property Identification Code formunda bulunur. Ulusal Canlı Hayvan Kimlik Sistemi (NLIS) düzenlemeleri tüm büyükbaş hayvanların yaşadıkları alandan çıkarılmadan önce kulak mührü ya da rumen bolus ile işaretlenmelerini ve bu hareketin NLIS'ye bildirilmesini gerektirir. Bunun yanında eğer hayvanlar sürü içinde ya da çiftlikte etiketlenmişse, daha geniş bölgelerde kimlik numaralarının tek olması gerekmez. NLIS ayrıca PICI bulunan kulak mühürlerini küçükbaş hayvanlar için de şart koşar. Bu mühürler ve rumen boluslar kimlik tanımlama ve izleme için kullanılan ve satıcılar tarafından tedarik edilen transport belgeleri ile tamamlanır (Duru, 2013).

Kulak mühürleri ile kimlik belirleme sistemi henüz 1913 yılında tüberküloz testi için keşfedilmesine rağmen, İngiltere'de BSE salgınının ortaya çıkması ile gözle görülür bir artış kaydedilmiştir. Bugün birçok farklı şekilde tasarlanan kulak mühürleri izlenebilirliği sağlamak, hırsızlığı önlemek ve salgın hastalıkları kontrol altına almak için tüm dünyada yaygın olarak kullanılır (Duru, 2013).

1953 yılında, ilk iki parçalı, kendi delen plastik kulak mührü icat edilerek patenti alındı. Plastiğin renk seçenekleri ve görünürlük özellikleri ile kolay kullanımlı metal uzantılı bu mühür uygulama sürecinde kan yoluyla hastalık bulaşma riskini de azaltır.

Bazı büyükbaş hayvan kulak mühürleri böcek kontrolünü sağlamak için kimyasal madde içermektedir. Ayrıca metal kulak mühürleri damızlık hayvanların ve koyunların kırkma tarihlerini saptamak için kullanılmaktadır (Duru, 2013).

3.1.1.2. Kızgınlık takip sistemi

Şekil 3.1.'de görülen HR (Heatime®), hayvan çiftlikleri için ileri elektronik davranış görüntüleme ve takip sistemidir. HR ile hayvan tanımlama, aktivite takibi ve geviş getirme takibi yapılabilir.

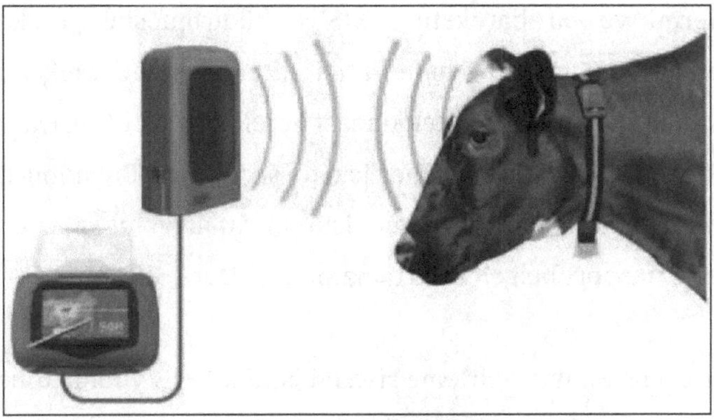

Şekil 3.1. Heatime kızgınlık takip sistemi

HR Tag hünün 24 saati, ineklerin davranış ve hareketlerini, geviş getirme miktarlarını kaydederek, bu kayıtlardan, ineklerin sağlık durumları ve kızgınlık zamanları gibi çok önemli bilgiler anında takip edilebilir.

Heatime® HR ineklerin sürekli olarak, hareket aktivitelerini, geviş getirme düzenlerini veriler halinde alır, aldığı bu verileri olması gereken ve eski verilerle karşılaştırarak, inekteki, sağlık sorunlarını, kızgınlık zamanlarını, tohumlanıp tohumlanmaması gereken zamanları çok yüksek oranda hassasiyetle çözümler. İneğin boynuna takılan bu cihaz ineğin aktivitesini, geviş getirme sayısı ve düzenini, yaptığı hareketleri ve bu hareketleri ne şekilde yaptığını iki saatlik analizler halinde kayıt eder. İnek çiftliğin değişik yerlerinde kurulu antenlerin altından geçtiği anda, cihaz topladığı ve kaydettiği verileri HR Kontrol Ünitesine yollar. Bu ünitede işlenen veriler gerek bilgisayar gerek kontrol ünitesi ekranında görüntülenir, raporlar halinde alınabilir. Bu bilgiler istenildiği kadar saklanabilir. İneklerden sürekli olarak kontrol ünitesine gelen veriler, İneklerin önceki verileriyle anında karşılaştırılır, bu karşılaştırma sonucunda herhangi bir veride normal seviyeden daha fazla bir değişim var ise, sistem anında alarm vererek kullanıcıyı uyarır (Berber, 2013).

3.2. Kablosuz Algılayıcı Ağlar

Kablosuz Algılayıcı Ağlar (KAA/WSN - Wireless Sensor Network), çok fazla sayıda küçük boyutlu, düşük maliyetli ve kısa mesafede kablosuz ortam üzerinden haberleşebilen algılayıcı düğümlerinden meydana gelmiş bir ağdır. Bu ağda, düğümler rasgele olarak ortama bırakabilmekte ve geliştirilen protokoller sayesinde kablosuz ortam üzerinden birbirileri ile haberleşerek kendi kendine organize olabilmektedir. Bu özellik, düğümlerin ortamdaki fiziksel büyüklük (ışık, sıcaklık, nem, basınç v.b.) değişimlerini çok atlamalı (multihop) yollar üzerinden merkezi ağ birimine iletmesini mümkün kılmaktadır.

Kablosuz algılayıcı düğümlerinin düşük maliyetli olması, normal şartlarda erişimin imkânsız olduğu bölgelere kolaylıkla yerleştirilebilmesi ve uzun süreler boyunca bakım istemeden çalışabilmesi gibi özellikler kablosuz algılayıcı ağlarının çok çeşitli alanlarda kullanılabilmesini mümkün kılmaktadır. Şekil 3.2.'de görüldüğü gibi tipik algılayıcı ağının yapısı gözlem alanından, algılayıcı düğümlerden, çıkış düğümünden ve görev yönetim düğümünden meydana gelmektedir (Akyıldız, 2002). Gözlem alanındaki algılayıcı düğümleri algıladıkları verileri kapsama alanında ise doğrudan çıkış düğümüne değilse en yakında düğüm üzerinden ileterek görev yönetim düğümüne ulaştırırlar.

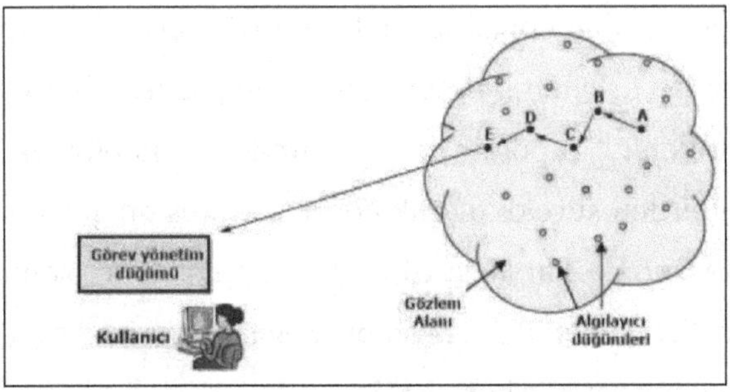

Şekil 3.2. Kablosuz algılayıcı ağ yapısı

Algılayıcı düğümlerin tarihi Amerika Birleşik Devletleri tarafından soğuk savaş yıllarına kadar uzanmaktadır (Chong C, 2003). Okyanus tabanındaki kritik bölgelere yerleştirilen akustik algılayıcı içeren düğümler Sovyet denizaltılarını gözetlemek amacıyla kullanılmış ve geliştirilen algılayıcı ağı "Ses Gözetleme Sistemi" (Sound Surveillance System - SOSUS) olarak adlandırılmıştır. Kablolu algılayıcı düğümlerin kullanıldığı bu sistemde veriler farklı katmanlarda işlendikten sonra kablolu ortam üzerinden kıyılardaki merkezlere iletilmiştir.

Modern algılayıcı ağ araştırmaları ise 1980'lerin başlarında yine A.B.D.'de DARPA'da başlatılmıştır. Dağıtık algılayıcı ağ (Distributed Sensor Network - DSN) programı olarak adlandırılan projede düşük maliyetli, bağımsız birçok düğümün dağıtık olmasına rağmen birbirileri ile işbirliği içerisinde olmaları hedeflenmiştir (Chong C, 2003).

3.2.1. Kablosuz algılayıcı ağların kablosuz ağlardaki yeri

Bilgisayar haberleşmesinde önemli anathatar sözcüklerden birisi de veriyi taşıyan elektriksel işaretlerin taşındığı iletim ortamıdır. Bu ortam kablo üzerinden sağlanabildiği gibi kablosuz olarak da sağlanabilir veya her ikisi de komple bir ağ içerisinde kullanılabilir.

Kablosuz uygulamalarda uç sistemler arasında herhangi bir fiziksel kablo bağlantısı olmadan RF ve kızılötesi yöntemlerle hava üzerinden aktarım şekli kullanılır. Yerel alan ağı, uzak bağlantı, yakın bağlantı, kentsel alan uygulamları ve telefon şebekesi gibi birçok alanda kablosuz iletişim yapacak teknoloji ve standart geliştirilmiştir.

Şekil 3.3.'te IEEE Kablosuz haberleşme çalışma grupları ve standartları görülmektedir.

IEEE Kablosuz Standartları

- 802.11 - Wireless Local Area Networks (Wifi / WLAN)
  - 802.11a, 802.11b, 802.11g, 802.11n
- 802.15 - Wireless Personal Access Network (WPAN)
  - Task Group 1 - Bluetooth (802.15.1)
  - Task Group 2 - Co-existence (802.15.2)
  - Task Group 3 - High Rate WPAN (802.15.3)
  - Task Group 4 - Low Rate WPAN (802.15.4 or 802.15. TG4)
  - Task Group 5 - Mesh Networking (802.15.5)
- 802.16 - Wireless Metropolitan Area Networks (Wimax)
- 802.20 - Mobile Broadband Wireless Access (Mobile-Fi) Defunct
- 802.22 - Wireless Regional Access Network (WRAN)

Şekil 3.3. IEEE Kablosuz Ağ Standartları

WLAN/Wi-Fi kişisel bilgisayar, video oyunu konsolları, dijital ses oynatıcıları ve akıllı telefonlar gibi cihazları kablosuz olarak internete bağlanmasını sağlayan teknolojidir. Wi-Fi ürünlerin kablosuz bağlantı sağlayabildiğini gösteren bir uyumluluk göstergesidir ve IEEE 802.11a, IEEE 802.11b, IEEE 802.11g ve IEEE 802.11n standartlarına göre belirlenir. Wi-Fi dizüstü bilgisayarlar, PDAlar ve diğer taşınabilir cihazların yakınlarındaki kablosuz erişim noktaları aracılığıyla yerel alan ağına bağlanabilmesini sağlar. Bağlantı, kablosuz erişim noktaları ve cihazın ortak desteklediği, IEEE 802.11 protokolüne bağlı olarak 2.4 GHz veya 5 GHz radyo frekansında gerçekleştirilir. Veri, CSMA/CA (Carrier sense multiple access with collision avoidance) protokolüne uygun gönderilip alınır ve böylece paketlerin iletimi sırasında hata oluşması sorunu çözülür.

WPAN teknolojileri kullanıcılara kişisel işletim alanı (POS) içerisinde kullanılacak (PDA, cep telefonu veya dizüstü bilgisayarları v.b.) aygıtlar için özel, kablosuz iletişim kurma olanağı tanıyan bir kablosuz ağ türüdür. Günümüzde, radyo dalgaları ve kızılötesi ışınlar yardımıyla WPAN oluşturulabilmektedir. Bluetooth, radyo frekans iletişimini kullanan ve 30 Fit'lik uzaklığa kadar veri aktarabilen bir WPAN teknolojisi olarak düşünülmektedir. Bluetooth Special Interest Group (SIG) tarafından yürütülmekte olan çalışmalar neticesinde 1999'da Bluetooth sürüm 1.0 yayınlamıştır (Anonim, 2013). WPAN teknolojilerinin geliştirilmesini standartlaştırmak amacıyla IEEE, 802.15 çalışma grubunu kurmuştur. Bu çalışma grubu, Bluetooth'un 1.0 sürümüne dayanarak bir WPAN standardı geliştirmiştir. Bu standardın ana hedefleri daha az karmaşıklık, daha düşük güç tüketimi ve 802.11 gibi diğer kablosuz teknolojiler birlikte çalışabilirliktir (Anonim, 2013). Şekil 3.3. ' te görüldüğü gibi Bu çalışmanın haberleşme altyapısını oluşturan KAA'lar da kablosuz ağ standartlarının Low Rate WPAN adlı 4. Grubunda yer almaktadır.

WMAN teknolojileri, kullanıcıların şehir içerisinde herhangi bir konumda fiber/bakır kablo ya da kiralık hat kullanmaksızın kablosuz bağlantı kurmasına olanak tanıyan bir kablosuz ağ türüdür. WMAN'ler veri aktarımı için radyo dalgaları veya kızılötesi ışınlar kullanabilmekte ve kullanıcıların Internet'e yüksek hızla erişmesini olanak sağlamaktadır. Günümüzde, yüksek hızlarda internet erişimi sağlayan geniş bant kablosuz erişim ağlarına talep gittikçe artmaktadır. IEEE 802.16 çalışma grubu talepleri karşılamak üzere yeni teknolojilerin geliştirilmesi ve standartlaştırılması için çalışmalarını sürdürmektedir (Anonim, 2013).

WRAN IEEE'nin geliştirdiği yeni ağ standartıdır. IEEE 802.22. olarakta bilinmektedir. TV frekans spektrumunda boşlukları kullanarak kablosuz oluşturulan bir standarttır. CR teknikleri kullanılarak geniş bir alana yayılması hedeflenmiştir. Nüfus yoğunluğu düşük yerleşim alanları ve kırsal alanlar için uygundur.

3.2.2. Kablosuz algılayıcı ağların özellikleri

KAA'lar merkezi bir yönetim veya destek hizmetlerinin yardımı olmaksızın geçici bir ağ oluşturan algılayıcı düğümler kümesinden meydana gelmektedir. Farklı bir şekilde ifade edecek olursak istasyonlar gibi ama sabit bir altyapının olmadığı ağlardır.

Genel olarak algılayıcı ağ düğümleri kablosuz radyo frekans (RF) alıcı-vericilerini ağ arabirimi olarak kullanarak, birbirleriyle iletişimi multi-hop kablosuz bağlantılar şeklinde gerçekleştirirler. Ağdaki her algılayıcı düğümü ayrıca yönlendirici (router) şeklinde davranarak veri paketlerini komşu düğümler arasında iletilmesini sağlar.

Ağ, topolojideki sık değişimlerle ilgilenmek zorundadır. Bu sensörlerin hataya eğilimli olmasından ve çöken düğümlerin yerini tutmak veya ilgilenen alanı genişletmek için yeni sensör düğümlerinin ağa katılması gereklidir. Bu özelliklerden dolayı sensör ağının tasarımındaki temel zorluk öz örgütlenebilen sensör ağlarının ve haberleşen iki düğüm arasındaki yolu verimli bir şekilde belirleyen devingen yönlendirme (routing) iletişim kurallarının (protokoller) geliştirilmesidir (Taş, 2010).

Ufak algılayıcılar düşük enerji tüketimiyle daha kapsamlı bir algılama işini sağlamak için aralarındaki koordinasyonu gerçekleştirmeleri, kümeler (cluster) halinde çalışmalarıyla mümkündür. Her bir küme algılayıcıların yönetimi için kendisine bir küme başı (cluster head) atar.

3.2.2.1. KAA'larda veri toplama, birleştirme ve yayma

Küme başları, algılayıcıların daha global hedeflere erişmek için kendi yerel etkileşimlerini verimli bir şekilde düzenlemlerine olanak sağlar. Ayrıca ölçeklenebilirlik, iyileştirilmiş sağlamlık, daha verimli kaynak kullanımı ve düşük enerji tüketimi görevlerini yürütürler.

Şekil 3.4.'te bir algılayıcı ağındaki hareketh alinde bir merkezden diğer bir merkeze giden hareketlinin veri toplama senaryosu gösterilmiştir.

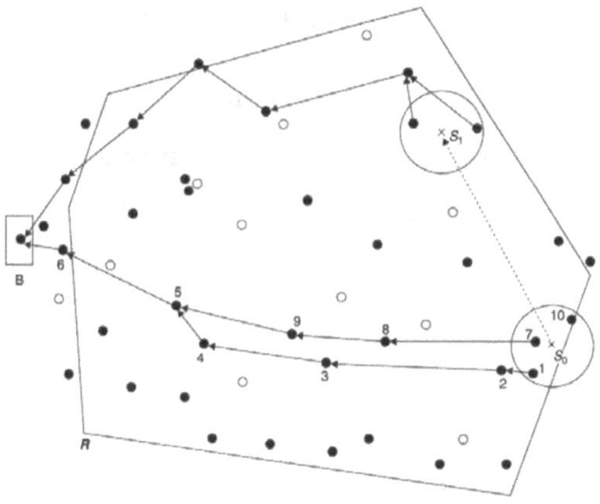

Şekil 3.4. Veri toplayan bir algılayıcı örneği

Bu ağın amacı S_0 konumundan S_1 konumuna ilerlemekte olan x ile gösterilen ve R alanı içerisinde kalan nesneden veri alabilmektir. Ana istasyon B ile gösterilmektedir. Dolu daireler yaşayan düğümleri, boş daireler ölü düğümleri göstermektedir. Bu örnekte nesnenin algılanabilmesi için en azından iki sensör gerekmektedir. Nesne S_0 konumunda iken 1 ve 7 nolu düğümler algılama işini yaparlar. 2, 3, 4, 5 ve 6 nolu düğümler 1. düğümden; 8, 9, 5 ve 6 nolu düğümler 7. düğümden alınan verinin iletişim yolunu oluşturur. Veri 5. düğümde birleştirilebilir. Bu tek mümkün algılama şekli değildir, 7 nolu düğüm yerine 10 nolu düğümde nesnenin algılamasını yapabilir. Böylece verinin iletişim yolu da değişecektir. Nesne S_1'e doğru ilerledikçe algılama, aktarma ve birleştirme görevleri değişecektir (Kalaycı, 2005).

Algılayıcı ağlarının adres merkezli olması yerine veri merkezli olması gerekir. Sensör ağlarının temel fikri çok ucuz ve basit algılayıcı düğümlerinin tasarlanmasıdır. Bu şekilde sensör uygulamalarında binlerce atılabilir düğümler herhangi bir yük oluşturmadan kullanılabilir. Her bir düğüme tekil bir adres vermek, özellikle sensör ağ uygulamasında binlerce düğüm kullanıldığında oldukça masraflı bir iştir. Tek bir sensör düğümünün sınırlı bellek ve işlem gücünden ziyade bizi ilgilendiren sensör gruplarıdır.

Birleştirme (Aggregation) : Bazı sensör düğümleri komşularından aldığı verileri birleştirmekle yükümlüdür (Kalaycı, 2005). Birleştirici düğümler merkez düğümlerine bilgi halinde gönderebilmek için veriyi süzebilir, işleyebilir ve saklayabilir. Birleştirme işlemi aşağıdaki nedenlerden dolayı faydalıdır:

- Bilgi döngüsünü arttırmak
- Doğruluk düzeyini arttırmak
- Çöken sensör düğümlerini karşılamak için veri artıklığı (redundancy)

Yayma (Dissemination): Sensörler tarafından üretilen veri, hedefine ulaşmak için birçok ara düğüm üzerinden geçmelidir (Kalaycı, 2005). Ara düğümler çöktüğü zaman gelen mesajların iletilmesinde sorunlar oluşmaktadır. Diğer sorunlar aşağıda listelenmiştir:

- Yönlendirme iletişim kuralları en kısa yolu bulmalıdır.
- Artıklık: Bir sensör aynı veri paketini birden fazla alabilir.

Sensör ağlarında veri yayma için iki senaryo vardır: sorgu güdümlü ve sürekli güncelleme. Her senaryo belirli tipteki sensör uygulamalarına uygulanabilmektedir. Birinci yöntem bire-bir ilişki olarak kullanılmaktadır, merkez bir sorgu yayınlayarak sensör düğümlerinden bu sorgusuna yönelik raporlanan yanıtları alır (Taş, 2010). İkinci senaryo bire-çok ilişki örneğidir. Merkez düğümü bir sorgu gönderir ve sorgusuna yönelik sürekli güncellemeler alır. Örneğin merkez hareketli bir nesnenin doğrultusunu sorgulayabilir. Sensör düğümleri bu sorgu sonucunda hareket eden nesnenin yeni konumunu sürekli olarak raporlarlar. Sürekli güncellemeye dayanan veri yayma senaryosu yüksek oranda enerji tüketimine neden olmaktadır, ancak sorgu güdümlü yönteme göre daha güvenilir ve doğrudur. Bunun nedeni daha fazla sensörün sorgu raporlamada yer almasıdır (Taş, 2010).

3.2.3. KAA düğüm mimarisi

Kablosuz ağ iletişiminde teknolojik gelişmeler, düşük güçlü, maliyeti az, fonksiyonel, kısa ve uzun mesafelerde sorunsuz haberleşebilen algılayıcı düğümlerin gelişmesine olanak sağlamıştır. Şekil 3.5.'te görüldüğü gibi bir düğüm algılama, veri işleme, veri gönderme ve güç birimlerinden oluşmaktadır (Akgün, 2010).

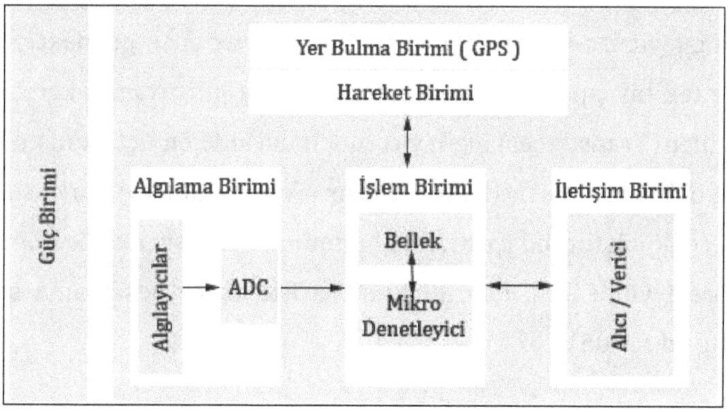

Şekil 3.5. Kablosuz algılayıcı ağ düğüm mimarisi

Algılayıcı düğümü oluşturan birimlerini görevleri şunlardır;

- Güç Birimi: Bu birim algılayıcı sensörleri, iletişim ve işlem birimindeki mikrodenetleyici besleyen birimdir. Genellikle standart pillerden oluşur. Bunun yanında eğer o düğüme yakın kesintisiz bir güç kaynağı var ise ordan beslenme imkanıda olabilir. Bunun yanında doğrudan güneş alan düğümlerle yapılan uygulamalarda güneş pillerinden elde edilen enerji ile düğümler beslenebilir. Algılamada harcanan enerjiyi uygulamalar arasında farklılık gösterir. Dağınık olayları algılarken doğal olarak devamlı cereyan eden olayı algılarkenkinden daha az enerjiyi harcanır. Algılanan olayın karmaşıklığı da enerji tüketiminde önemli rol oynar (Taş, 2010). Algılayıcı ağın program mimarisine ve çevresindeki diğer düğümlerle haberleşme sıklığına göre bu pil ömrü 4 yıla kadar çıkabilmektedir.

- Algılama birimi: Algılayıcı ağ düğümlerinin esas amacı, hesaplama, analiz ya da haberleşme değildir, algılamaktır. Algılayıcı olarak kullanılan düğümlerin ilerlemesindeki en büyük engellerden birisi, algılama bileşeninin yarı iletkenlerdeki hızlı ilerlemeyle paralellik sağlayamaması aynı hızla ilerleme kaydedememesidir. Kavramsal sınırlamalar algılayıcılar için işlemci ya da depolama ünitelerinden daha belirgin bir öneme sahiptir. Örnek verilmesi gerekirse; algılayıcılar gerçek dünya şartlarıyla yüz yüze gelmekte, hesaplama üniteleri ise tek bir çip içerisinde kontrol edilmiş bir ortamla karşı karşıyadır. Dönüştürücüler (Transducer) algılayıcı düğümlerinde ön uçta kullanılıp, enerjiyi bir formdan diğerine çevirme işini yaparlar (Feng vd., 2005). En basit haliyle bir düğüm sadece dönüştürücü içerir, fakat günümüz şartlarında bir düğüme birçok algılama görevi yüklendiği için, düğümlere işleme ve hesaplama üniteleri de eklenir (Feng vd., 2005).

- İşlem birimi: Bu birim mikrodenetleyici ve bellek birimlerden oluşan, kod bellekte yüklü olan görevlerle düğümü yönlendiren birimdir. İstenirse düğüm içerisindeki mikrodenetleyici devre dışı bırakılarak düğüm harici bir mikrodenetleyici ilede kontrol edilebilir.

- İletişim Birimi: Düğümün aynı ağ içerisindeki diğer düğümlerle iletişimini sağlayan birimdir. Bu birim genelde gönderme, alma, boş ve uyku modu olmak üzere dört ana mod ile çalışır. RF alıcı ve vericilerden oluşmuştur. Bu birimini düğümün yaşam ömrünü belirlemede önemi büyüktür. Düğümden gönderilecek ve düğüm tarafından alınacak sinyallerin sıklığına bağlı olarak düğümün yaşam ömrü değişecektir. Bu birimin mümkün olduğu müddetçe uyku modunda çalışması düğümün yaşam ömrünün artmasını sağlayacaktır.

Her geçen gün algılayıcılara yeni görevler eklenmekte ve yeni yöntemlerle ortamdan algılanan fiziksel büyüklük yelpazesi genişlemektedir.

Radyo : Kısa mesafe radyolarının iletişim bileşeni olarak kullanımı son derece önemlidir özellikle enerji sarfiyatında mesaj alma verme - alıcı/verici işlemleri toplam sarfiyat üstünde en etkin kalemlerin başında gelir (Feng vd., 2005). Radyonun tasarım ve seçim aşamasında en az 3 farklı katman dikkate alınmalıdır; Fiziksel, MAC ve Ağ. Fiziksel katman diğer alıcı/verici ya da alıcılarla fiziki bağlantıyı kurmakla yükümlüdür. Bu seviyedeki ana görevler; sinyal kipleme (modülasyon) ve verinin şifrelenerek iletişimin, kanal gürültüsü ve sinyal karışmasından korunmasıdır. Bant genişliğini etkin bir biçimde kullanmak ve geliştirme maliyetini azaltmak için yapılması gereken standart uygulama; birden çok radyonun aynı ortamı (birbirine bağlı) paylaşmasıdır. Ortamın paylaşımı (zaman veya frekans) MAC katmanı tarafından kolaylaştırılmıştır. Son olarak Ağ katmanı bir mesajın kaynaktan hedefe transfer edilebilmesi için izlemesi gereken yolun tespitinden sorumludur (Feng vd., 2005).

3.2.4. KAA protokol mimarisi

Veri algılanacak alana dağıtılan düğümlerin hepsi veri toplama, yönlendirme ve çıkış düğümüne ya da doğrudan veriyi merkezi düğüme gönderme özelliklerine sahiptir. Şekil 3.6.'da verilen protokol mimarisi uygulama katmanı, ulaşım katmanı, ağ katmanı, veri bağı katmanı, fiziksel katmanlarından ayrıca, güç yönetim düzlemi, hareketlilik düzlemi ve görev yönetim düzlemlerinden oluşmaktadır.

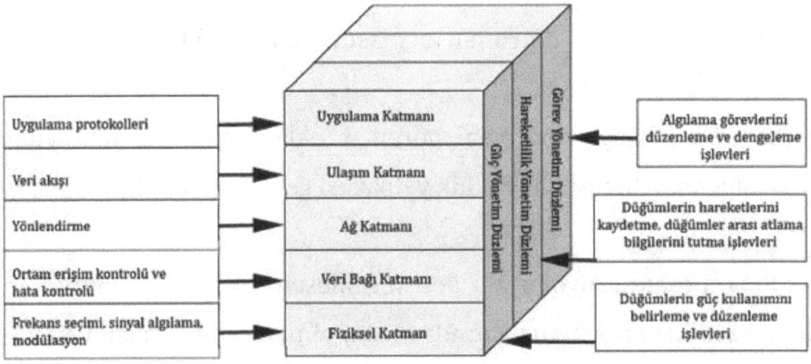

Şekil 3.6. KAA protokol mimarisi

Güç yönetim düzlemi, düğümlerin güç kullanımını belirleme ve düzeltme işlemlerini içerir. Örneğin algılayıcı düğüm diğer düğümden veri aldıktan sonra algılayıcısını kapatabilir. Böylelikle yaşam ömrünü uzatmış olur.

Hareketlilik yönetim düzlemi, çevresindeki diğer düğümlerin hareketlerini takip ederek merkezi düğüme veri gönderme esnasında izlenecek yolun tekrar belirlenmesine rol oynar.

Görev yönetim düzlemi, bir bölge için verilen algılama görevlerini planlarlar ve ayarlarlar. Bir bölgedeki düğümlerin hepsi aynı anda algılama işlemini gerçekleştiremezler. Sonuç olarak bazı algılayıcılar güçlerine göre daha fazla görev yürütebilirler. Bu yönetim düzlemleri düğümlerin bir arada etkin bir güç ile çalışmaları, verileri yönlendirebilmeleri ve düğümler arasında kaynakların paylaşımı için gereklidir. Yönetim düzlemsiz her bir düğüm kendi başına çalışır. Bütün düğümlerin kendi başlarına çalışmaları yerine beraber çalışmaları çok daha etkin bir yöntemdir ve ağ ömrünü uzatabilir.

Fiziksel katman, taşıyıcı frekansın belirlenmesi, frekansın üretilmesi, gelen sinyalin algılanması ve verilerin şifrelenmesi ile sorumlu katmandır. Ayrıca bu katmanda alıcı/vericinin her bir radyo modunda harcadığı enerji miktarı bilindiğinden bir düğümün radyo modlarında kaldığı sürenin hesaplanmasıyla toplam enerji miktarı kolaylıkla bulunabilir.

Veri bağı katmanı, veri yayılımının çoğullanmasından, veri çerçevesinin algılanılmasından, erişim ortamı ve hata kontrolünden sorumludur. Bir iletişim ağında noktadan noktaya ve noktadan çok noktaya iletişimin güvenilebilir şekilde yapılmasını sağlar (Akyıldız, 2002).

Birden fazla atlamalı, kendi kendini örgütleyebilen bir ağda MAC protokolünün iki temel görevi vardır. Bunlardan ilki alana rastgele yerleştirilen düğümler arasında veri iletişimi için gerekli olan ağ yapısını kurmak diğeri ise algılayıcı düğümle diğer düğümler arasındaki kaynakların etkin bir biçimde kullanılmasını sağlamaktır (Çakıroğlu, 2006). Algılayıcı ağlarda MAC protokol tasarımı düşük güç tüketimi, hareketlilik yönetimi ve hata düzeltme yöntemleri üzerine inşa edilmelidir. Amaca özel ağlar için birçok MAC protokolü önerilmiş olmasına rağmen yeni nesil algılayıcı ağlar için etkin protokol tasarımı araştırmaya açık konulardandır. Şimdiye kadar hem sabit atlamalı hem de rastgele erişimli MAC protokolleri önerilmiştir (Küçük, 2010).

Liateratürde kablosuz algılayıcı ağlar için geliştirilmiş olan birçok çalışma bulunmaktadır. Geliştirilen MAC protokolleri Şekil 3.7.'de görüldüğü gibi üç ana kategoride toplanmaktadır (Koubaa, 2005).

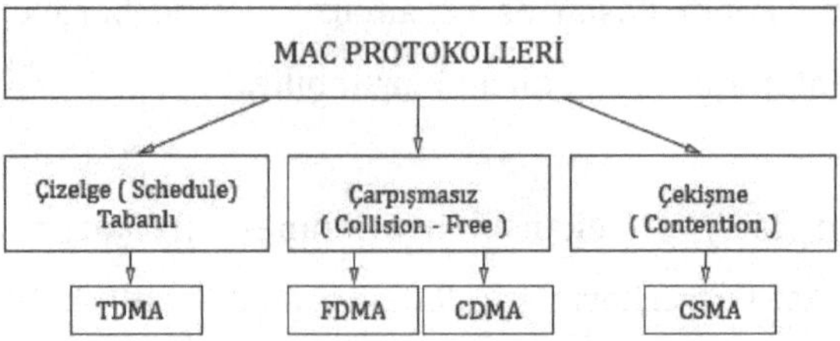

Şekil 3.7. Ortam erişim protokol ailesi

Çizelge tabanlı ortam erişim protokolleri: Zaman çizelgesi esasına dayanan ortam erişim protokolleri çarpışmayı engellemek için hangi düğümün ne zaman iletişime başlayabileceğine karar veren merkezi çizelge algoritması kullanmaktadır. Zaman bölümlemeli çoğullama (Time Division Multiple Access-TDMA) paylaşımlı olan iletişimin kanalının N tane dilime (slot) ayrıldığı ve her zaman diliminde sadece bir düğümün gönderim yapabildiği çizelge tabanlı algoritmadır. TDMA, düğümlerin iletişim zamanlarının yönetilmesini sağlayan merkezi bir baz istasyona gereksinim duymaktadır.

Çarpışmasız ortam erişim protokolleri: Çarpışmasız ortam erişim protokolleri çarpışmayı farklı radyo kanalları (frekans ya da kod) kullanarak engeller. Böylelikle iki düğüm arasındaki eş zamanlı iletişim girişimsiz ve çarpısşmasız olarak gerçeklestirilir. Kablosuz iletişimde iki farklı çarpışmasız ortam erisim yöntemi kullanılmaktadır.

Çekişme tabanlı ortam erişim protokolleri: Çekisme tabanlı protokoller, çarpısmayı tamamen engellemek yerine olma olasılığını azaltmaya çalısırlar. Tek kanallı radyo iletisiminde kanal tüm düğümler tarafından paylasılmaktadır ve kanal tahsisi isteğe göre yapılmaktadır. Böyle bir durumda aynı anda birden fazla düğüm gönderim isteğinde bulunursa çarpısma kaçınılmazdır. Çarpısmayı engellemek ya da olasılığını azaltmak için iletim hakkını eline geçirmek isteyen düğümler arasında kanal tahsisini gerçeklestirecek dağıtık algoritmalar kullanılmaktadır. Çoğu dağıtık MAC protokolü çekisme esasına dayanır ve tasıyıcı duyarlı iletisim ve/veya çarpısmadan kaçınma mekanizmalarını kullanır. Bu yüzden gönderimden önce dinleme esasına dayanan tasıyıcı duyarlı çoklu iletişim (Carrier Sense Multiple Access - CSMA) olarak bilinirler. Kanalı dinlemenin amacı, gönderime başlamadan önce meşgul olmadığından emin olmaktır. Eğer kanal meşgul değilse düğüm hemen iletime baslar. Eğer kanal meşgul ise rasgele bir zaman boyunca bekler ve bu süre bittikten sonra kanalı yeniden dinler (non-persistent CSMA türlerinde) ya da kanal boş olana kadar dinlemeye devam eder ve kanalın boş olduğunu tespit ettiğinde iletime başlar (Koubaa, 2005). Mevcut ZigBee protokolleri CSMA-CA tabanlı erişimi desteklerler.

Ağ katmanında düğümlerin çok atlamalı yollar üzerinden çıkış düğümünü bulması sağlanmaktadır. Algılayıcı düğümler bir bölgede olayın içine ya da yakınına sık bir şekilde yerleştirilebilirler. Algılayıcı düğümler ile çıkış düğümleri arasında özel çok atlamalı yönlendirme protokolünün olması gerekmektedir. Algılayıcı ağlarda ağ katmanı aşağıdaki prensiplere göre tasarlanmaktadır (Akyıldız, 2002).

- Gücün etkin kullanımı
- Algılayıcı ağlar genellikle veri merkezlidir
- Veri toplama işlemi sadece düğümlerin ortak çalışmaları engellenmediği zaman uygundur
- İdeal bir algılayıcı ağı öznitelik tabanlı adreslemeye ve konum hassasiyetine sahiptir

Ulaşım katmanında özellikle sistemin internet veya diğer harici ağlarla irtibat halinde olması istendiğinde gereklidir. Literatürde algılayıcı ağlarda ulaşım katmanıyla ilgili bilinen herhangi bir çalışma bulunmamaktadır (Akyıldız, 2002). Algılayıcı ağlarda noktadan noktaya iletişim yapısı TCP gibi protokollerden farklı olarak genel adreslemeye dayanmaktadır. Bu yapılar veri paketlerinin gideceği adresi belirtmek için öznitelik tabanlı adreslemeyi kullanmalıdır. Güç tüketimi, ölçeklenebilirlik, veri merkezli yönlendirme gibi karakteristikler algılayıcı ağlar için ulaşım katmanında farklı ihtiyaçların yürütülmesini gerektirmektedir.

Uygulama katmanında algılayıcı ağdan beklenen görevlerin düğümlerdeki yazılımlar tarafından gerçekleştirildiği katmandır. Algılayıcı ağların çok fazla uygulama alanı bulunmaktadır ve bazı projelerde bu ağlara internet gibi ağlarla erişilmektedir. Uygulama katmanı yönetim protokolleri, algılayıcı ağ yönetim uygulamaları için daha düşük seviyeli katman donanım ve yazılımlarını açık hale getirmektedir (Akyıldız, 2002).

3.2.5. Kablosuz Algılayıcı ağlarda güvenlik ve alınabilecek tedbirler

Gelişen uygulamalarla ortaya çıkan algılayıcı ağ yapılarının güvenligi oldukça önemlidir. Yüzlerce belki binlerce düğümden oluşan bir yapıda her bir düğümün güvenliğini sağlamak zorunluluğu mevcuttur. Çok fazla düğümün bulunması büyük bir alanı kapsamak demek olduğu için bu da kötü amaçla saldırı yapmak isteyenler için fırsat oluşturmaktadır. Çok sayıdaki algılayıcının birbiriyle iletişim halinde olması, büyük miktarda bilginin birbiri arasındaki iletişimini gerektirmektedir. Bu iletisim açık yollu olamayacagı için kullanılan sifreleme anahtarlarının sayısı artmaktadır ve bu durumda verinin depolanması ve algılanması için yüksek performans ihtiyacı ortaya çıkmaktadır (Chan, 2003). Saldırıların bir kısmı, doğrudan dügüme veya ağ istasyonuna zarar vermek şeklinde olabileceği gibi, bazı saldırılarda gönderilen kullanışşız paketler ile gereksiz enerji harcayarak düğümün batarya ömrünü kısaltmaktadır. Hatta daha da ileriye giderek bazı durumlarda paketler sonsuz döngüye girip ağda gereksiz yer işgal etmektedir.

KAA çalışmaları en yoğun biçimde askeri uygulamalarda kendini göstermektedir. Bu alandaki güvenliğin önemi herkesçe bilinmektedir. Savaş alanı hakkında bilgiyi, kimsenin hayatını riske atmadan toplayabilmesine karşın, tatmin edici bir şekilde korunmayan KAA'lar düşmanın eline geçtiğinde güçlü bir silah olarak kullanılabilir. Bu tip uygulamalar için sağlam güvenlik önlemleri alınmalıdır. KAA'ların ticari uygulamalarında ise "Gizliliğin Korunumu" meselesi, ağın güvenli ve stabil halde çalışır olması kadar önemle ele alınmalıdır. Kişiler hakkındaki fizyolojik ya da psikolojik bilginin güvenliği her kullanıcı tarafından korunması gereken bilgiler içerisindedir. KAA uygulamaları ne kadar yaygınlaşırsa ve karmaşıklaşırsa, bu sistemlerin yetkisiz kullanıcılara karşı korunmasının önemi artacaktır. Algılayıcı ağ uygulamaları çok çeşitli fiziksel ortamlarda ve kısıtlamalar altında çalışmaktadır. Algılayıcı ağ düğümlerinin etkin bir şekilde kullanılması için her uygulama için farklı uyarlamalar ve tasarımlar gerekecektir. Çünkü güvenlik ve gizliliğin sağlanması önemli ölçüde hesaplama ve depolama kaynağının kullanılmasını gerektirir. Güvenliği sağlamak için gerekli mekanizmalar, hedef uygulamanın mimari yapısına ve içinde bulunduğu fiziksel çevreye uygun hale getirilmelidir (Odabaşı ve Zaim, 2010).

3.2.5.1. KAA güvenliğini tehlikeye atan özellikler

Algılayıcı düğümler boyut, enerji, hesaplama gücü ve depolama noktasında sınırlıdırlar. Sınırlı kaynaklar, istenen güvenlik algoritmalarını ve protokollerini geliştirmede bazı kıstları da beraberinde getirmektedir.

KAA enerjilerinin büyük kısmını düğümler arasındaki haberleşmede tüketir, küçük bir kısmını da algılama ve hesaplama için kullanır. Bu sebepten dolayı KAA'lar sınırlandırılmış işleme ve veri toplama gerçekleştirirler.

Yukarıda anlatılan özelliklerinden ötürü KAA'lar uygulamaya göre değişen mimari yapılara sahiptirler. Genel amaçlı mimari yapının esnekliği kaynakların etkin kullanımını gerektirir (Çakıroğlu, 2006).

KAA'ların güvenliğini etkileyen tehlikeler "Frekans bozma (jamming) ve paket enjeksiyonu", "Sybil saldırısı", "Yönlendirmeye karşı saldırılar", "Hizmet bütünlüğüne karşı saldırılar" olarak sınıflandırılmaktadır (Tümer vd., 2011).

3.2.5.2. KAA'ın güvenliği için gereksinimler

KAA'lar genel bir bilgisayar ağının gerek duyguğu güvenlik ihtiyaçları dışında kendilerine has bazı güvenlik tedbirlerinede ihtiyaç duymaktadırlar. Bunun nedeni KAA'ların genel olarak dış ortamda bulunması ve sınırlı güç kaynaklarını olmasıdır. Genel olarak güvenlik gereksinimleri tartışılırken, algılayıcı ağların uygulamadan uygulamaya güvenlik farklılıkları unutulmamalıdır (Shi ve Perrig 2004).

KAA'ların güvenliklerini sağlaybilmek için "Veri gizliliği ve kimlik doğrulama", "Anahtar tespit ve yönetimi", "Broadcast/Multicast kimlik doğrulama" gibi yöntemler kullanılmaktadır (Shi ve Perrig, 2004).

3.2.6. KAA Modüllerinde enerji yönetimi

Güç ayarlaması seçilecek bir sonraki dügüme göre yapılmaktadır. Burada uzaklık parametresi önem kazanmaktadır. Kablosuz algılayıcı ağlarda en önemli görevlerden biri de "gateway" görevini yapan düğüme düser (Chang, 2000). En fazla güce gereksinimi olan ve en çok islemin gerçeklestigi yer olan "gateway", ayrıca en büyük kapsama alanına da sahiptir. Bu nedenle algılayıcı aglarda en çok tercih edilen algoritmalar genellikle en kısa yol ya da minimum atlama algoritmalarıdır (Erginöz, 2008).

Bu yapılarda temel enerji tüketimi en genel haliyle iki grupta incelenebilir. Bunlardan birincisi iletim anında paketleri göndermek için harcanan enerji ve ikincisi ise herhangi bir iletisim olmadan sadece verileri algılamak ve kosulları incelemek için harcanan enerjidir. Eger enerji tüketimi azaltılamıyorsa bu durumda yasam ömrünü maksimize etme seçenegi önümüze gelir ki bu problem aslında bir Doğrusal Programlama (LP) konusudur (Chang, 2000). Yönlendirmeye göre güç harcanımı bu ağlarda değişiklik göstermektedir. Bu nedenle kullanılan algoritma çok büyük bir önem kazanmaktadır. Bir başka yaklaşım açısı da toplam enerji tüketimini minimize etmektir. Genel olarak, çevreler genellikle yaşam ömrünü maksimize etmek üzerinde durmaktadırlar. Bunun en büyük sebebi bir algılayıcı üzerindeki bataryayı degistirmenin çok zor hata bazı özel durumlarda imkânsız olmasından kaynaklanmaktadır (Erginöz, 2008). Bu nedenle algılayıcı düğümlere baktığımız zaman onlar üzerindeki veri iletimi ve gelen veriyi iğleme yöntemleri önem kazanmaktadır. Bu durum göz önünde bulundurulduğunda enerjinin büyük bölümü, özelikle video algılayıcılarında, veriyi şifreleme işinde kullanılmaktadır (He, 2007).

Yaşam süresi hesaplanırken ağdaki dügümlerden herhangi birinin bataryasının ilk olarak tükendiği an göz önüne alınır. Çözümde temel şart yönlendirmenin en düzgün şekilde yapılmasıdır. Kullanılacak algoritmanın seçilmesinde en büyük etken ağın büyüklüğüdür. En etkin yönlendirme için seçilen algoritma aynı zamanda en uzun yaşam süresini de sağlayarak performansı artırmalıdır (Erginöz, 2008).

3.2.7. Kablosuz algılayıcı ağ tasarımını etkileyen unsurlar

Kablosuz algılayıcı ağları, gözlem yapılacak ortama kolay ve hızlı bir şekilde yerleştirilebilmeleri, kendi kendine organize olarak uzun yıllar kontrol edilmeksizin çalışabilmeleri gibi özelliklere sahip olması sayesinde çok çeşitli alanlarda kullanılabilmektedir. Ancak, bu gibi kolaylıklar beraberinde kablosuz algılayıcı ağlarında görevlerin yürütülmesini sağlayan protokol ve algoritmaların tasarımını zorlaştırmaktadır.

Şekil 3.8.'te görüldüğü gibi kablosuz algılayıcı ağ tasarımı gerçekleştirirken dikkat edilmesi gereken unsurlar güvenlik, yaşam süresi, ağ büyüklüğü, bağlanırlık, kapsama alanı, ağ topolojisi, altyapı, iletişim şekli, heterojenlik, kaynak sıkıntısı, enerji, boyut, maliyet, gezginlik, yerleştirme ve diğer hizmet ihtiyaçları olarak belirlenmiştir (Akyıldız, 2002 ve Johnson, 2010).

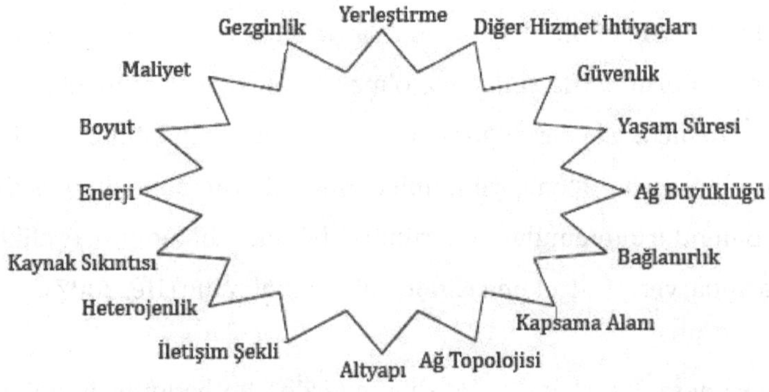

Şekil 3.8. Kablosuz algılayıcı ağ tasarımını etkileyen faktörler

3.2.8. Kablosuz algılayıcı ağ uygulama alanları

Kablosuz Algılayıcı ağlar, akustik, kızılötesi, termal, ivme, manyetik ve benzeri algılayıcılar kullanarak ısı, nem, araç hareketi, ışık, basınç, ses, ivme değişiklikleri, toprak ve sıvı özellikleri, nesneler üzerindeki gerilimler ve burulmalar, nesnelerin hız, istikamet ve hacim özellikleri, nesnelerin tespiti gibi algılamalar yapabilmektedir. Algılayıcıların kablosuz olarak haberleşmeleri kavramı ve algılayıcılardaki çeşitlilik, kablosuz algılayıcı ağlarına çok çeşitli uygulama alanları sunmaktadır (Tümer, 2011).

KAA'lar askeri (Merrill, 2003), tıbbi (Çakıroğlu, 2006), çevresel (Rabaey, 2001), ev otomasyonları (Knot, 2004), ticari (Walters, 2006), ve tarım alanları (Burrell, 2004) başta olmak üzere her alanda kendine uygulama imkanı bulabilmektedir.

3.2.9. ZigBee

Wi-Fi ve Bluetooth gibi kablosuz haberleşme teknolojilerinin kimi uygulamalarda elverişsiz olmaları nedeniyle 1998 yılından itibaren ZigBee stili ağlar üzerinde çalışılmaya başlanmıştır. Amaç güvenirliliği yüksek, düşük maliyetli, enerji tasarruflu, görüntüleme ve yönetme amaçlı ağlar kurmaya elverişli ürünler ortaya çıkarmaktı. ZigBee teknolojisinin ihtiyacı olan standart IEEE tarafından 802.15.4 standardı Mayıs 2003'te tamamlanmıştır. 14 Aralık 2004 tarihinde ZigBee özellikleri tasdik edilmiştir. ZigBee Alliance, ZigBee teknolojisinin standartlarından sorumlu dünya çapında bir birim olup; güvenilir, düşük maliyetli ve güç tüketimi az ürünler ortaya çıkarmak için birçok firmanın bir araya gelip görüntüleme ve kontrol amaçlı ürünlerin standartları üzerinde çalıştığı bir topluluktur. ZigBee, Haziran 2005 tarihinde kullanıma sunulmuştur. ZigBee 2007, yeni teknik özellikleri ile 30 Eylül 2007'de piyasaya sürülmüştür. Son olarak ilk ZigBee uygulama profili olan ev otomasyonu da 2 Kasım 2007'de kullanıma sunulmuştur (Arslan, 2009).

3.2.9.1. IEEE 802.15.4

IEEE (The Institute of Electrical and Electronics Engineers) enstitüsü tarafından, IEEE 802.15.4. ilk olarak 2003 yılında tanımlanmıştır. IEEE 802.15 çalışma grubunun kablosuz kişisel ağlar için özelleşmiş alt grubu protokolüdür. Protokol ilk çıktıktan sonra IEEE 802.15.4a ve IEEE 802.15.4b ile iyileştirmeler yapılmıştır. Düşük enerjili ağ kurulumunda kullanılmak üzerine özelleşmiştir. IEEE 802.15.4 standardı kişisel alan ağlarındaki radyo dalgaları ile iletişim kuran cihazlar için tanımlanmıştır. IEEE 802.15.4 standardı, kurulacak ağın maliyetinin düşürülmesi, yüksek veri doğruluğunun sağlanması, uzaktan kumanda, otomasyon uygulamalarını hedefleyen ve ağda düşük enerji ile uzun süre iletişim sağlanabilmesi açısından, KAA için halen geliştirilmekte olan bir standarttır. Ağ içinde gözlem ve kontrol faaliyetlerinin sürdürülmesine yardımcı birçok tasarım parametresine sahiptir. Bu teknoloji IEEE 802.15.4 LR-WPAN standardının üzerine inşa edilmiştir. ZigBee IEEE 802.15.4 standardının belirlediği Fiziksel ve Ortam Erişim katmanının üzerine Ağ katmanı ve Uygulama katmanını inşa eder. "ZigBee Alliance", bu teknoloji üzerine çalışmaya başlamadan kısa süre önce, IEEE 802.15.4 topluluğu da düşük veri transfer oranına sahip bir standart üzerinde çalışmaktaydı. ZigBee Alliance ve IEEE güçlerini birleştirerek bu teknolojiye ZigBee ticari ismini verdiler. ZigBee teknolojisinden beklenen, çok uzun süre pil değişimine gereksinim duymadan çalışabilecek cihazların bir ağ mantığı ile birbirine bağlanabilmesini sağlamasının yanında, düşük güç tüketimine sahip bir ağ oluşturabilmesidir. Çünkü kontrol ve kumanda amaçlı birçok uygulama için yüksek veri transfer oranlarının gerekmemesine karşın bu cihazların uzun pil ömrüne sahip olması hafif ve taşınabilir olması önem taşımaktadır. ZigBee ismini yerel bir bal arısından almaktadır. Bal arılarının çok karmaşık işleri birbirleri ile uyum ve işbirliği içinde başarabilmeleri ve bunu yaparken havada zigzag yollar izlemeleri standart ismi için ilham kaynağı olmuştur. Bu standardın gelişmesinde birçok şirket birlikte çalışmaktadır ve ZigBee Alliance olarak adlandırılırlar. Bu şirketler birçok faklı alanda kullanılabilecek bir standardın ortaya çıkması için çalışmaktadır.

ZigBee Alliance yarıiletken üreticileri, teknoloji sağlayıcıları, orijinal ekipman üreticilerinin oluşturduğu 200 den fazla üyesi olan büyük bir birliktir. Bu birlik sekiz büyük firma (Ember, Freescale, Honeywell, Invensys, Mitsubishi, Philips, Motorola ve Samsung) tarafından 2004 yılında kurulmuş ve Siemens, Mitsubishi gibi firmaların katılımıyla büyümesini sürdürmektedir.

ZigBee teknolojisinden çok uzun süre pil değişimine gereksinim duymadan çalışabilecek cihazların bir ağ mantığı ile birbirine bağlanabilmesini sağlamasının yanında, düşük güç tüketimine sahip bir ağ oluşturabilmesi beklenmektedir. Çünkü kontrol ve kumanda amaçlı birçok uygulama için yüksek veri transfer oranlarının gerekmemesine karşın bu cihazların uzun pil ömrüne sahip olması hafif ve taşınabilir olması önem taşımaktadır.

Kablosuz iletişimle ses ve veri transferinin kaliteli şekilde yapılması üzerine özelleşmiş standardın piyasadaki adı 2.5/3G'dir. Bu standart uzun mesafelerde veri transferinin gereksinimlerini karşılayabilmektedir. XBee marka kablosuz algılayıcı ağ düğümlerinin hepsinde 802.15.4 protokolü standart olarak desteklenmektedir. Alana dağıtık olara yerleştilen KAA düğümleri aktif edildikten kısa süre içerisinde bu protokole uygun ağ yapısını otomatik olarak oluşturup iletişime başlarlar.

Çizelge 3.1. Bazı standartlar ve karşılaştırmaları

	GPR S/G SM 1 xRTT/CDM A	IEEE 802.11 b/g	IEEE 802 15 1	IEEE 802.15.4
Piyasadaki isimler	2.5/3G	WIFI	Bluetooth	ZigBee
Hedeflenen ağlar	WAN/M AN	WLAN	PAN and DAN	KAA
Uygulama amaçları	Geniş alan ses ve veri transferi	İşletmeler için Voip ve veri transferi	Kablolama yerine	Gözlemleme ve kontrol
Bant genişliği (Mbps)	0.064 - 42	11-54	1 - 3	0.020 - 0.25
İletişimdeki uzaklıklar (ft)	3000+	1 - 300+	1 - 30+	1 - 300+
Dizayn faktörleri	Ulaşma ve iletim kalitesi	İşletme desteği, ölçeklendiril ebilir-lik ve maliyet	Maliyet ve kolay kullanım	Güvenirlik, enerji kullanımı ve maliyet

3.2.9.2. ZigBee protokollerinin IEEE 802.15.4 ile ilişkisi

Şekil 3.9.'da görüldüğü gibi ZigBee 5 katmanlı bir yapıya sahiptir. IEEE 802.15.4 standardı ZigBee teknolojisinin MAC ve PHY katmanını oluşturur. ZigBee Alliance ise daha üst seviye katmanlar olan ağ ve uygulama katmanlarını tanımlar. En üst katman kullanıcı uygulamaları için ayrılmıştır (Arslan, 2009).

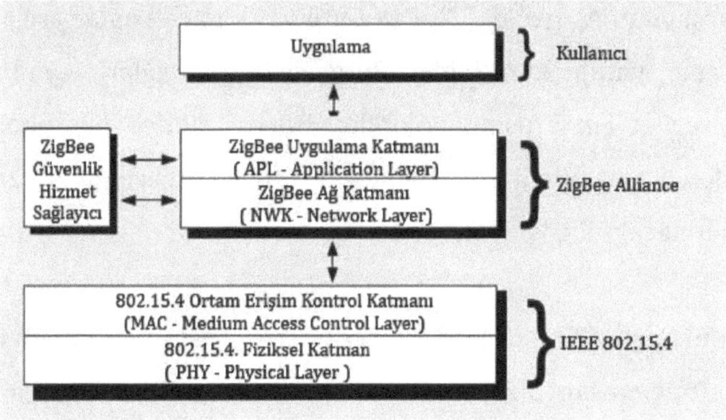

Şekil 3.9. ZigBee protokolü ile IEEE 802.15.4 standardı arasındaki bağlantı

ZigBee ve IEEE 802.15.4'ün amacı düşük güç tüketimini, düşük maliyeti, geniş mantıksal topolojileri sağlamak, birçok uygulamaya yönelik esnek protokolleri oluşturmaktır.

3.2.9.3. ZigBee araç tipleri, ağ bileşenleri ve görevleri

ZigBee araçları temelde indirgenmiş fonksiyonlu ve tam fonksiyonlu cihazlar olarak iki çeşit cihazı baz alır (Arslan, 2011).

İndirgenmiş Fonksiyonlu Cihazlar (Reduced Function Devices) (RFD): Hafıza, işlem ve güç kapasitesi bakımından sınırlandırılmış düğümlerdir. Ağda sadece Son Aygıt (End Device) olarak görev yapabilirler. Yönlendirici (router) veya koordinatör olamazlar.

Tam Fonksiyonlu Cihazlar (Full Function Devices) (FFD): Bu aygıtlar daha karmaşık işlemleri yapabilirler. Ağ topolojisinde yönlendirici, koordinatör veya son aygıt olarak görev alabilirler. Yukarıdaki özellikleri içeren ağdaki ZigBee elemanları:

a-) ZigBee Varsayılan Ağ geçidi (ZigBee Gateway): Farklı ağlar arasında bağlantı kurulmasını, geçiş yapılmasını sağlar. Bu geçiş ZigBee ağları veya bir ZigBee ağı ile normal internet ağı arasında olabilir. Bu da ZigBee protokolü sayesinde kontrol ve izleme amaçlı edinilen bilgilerin internet aracılığıyla uzak yerlerden de gözlemlenebileceğini göstermektedir.

b-) ZigBee Son Aygıt (ZigBee End Device): Ağ içerisindeki en zayıf elemandır. Görevi elde ettiği mesajı bir sonraki düğüme iletmektir. Diğer aygıtlara göre daha az enerji tüketirler.

c-) ZigBee Koordinatörü: PAN (Personal Area Network) koordinatörü olarak da bilinir. Her ZigBee ağında sadece bir tane vardır. Görevi ağı başlatmak, aygıtlara PAN ID denilen ağ adını atamak, ağ operasyonunu yürütmektir (Çelik , 2002).

d-) ZigBee Yönlendiricisi: Düğümler arasında yönlendirme yapmakla görevlidir. Yapılan bu yönlendirmelerle kullanılan ağın kapsamını arttırır. Ayrıca adresleme yapılıp yapılmaması işlevini yönetmektedir (Çelik, 2002).

e-) ZigBee Güvenlik Merkezi (ZigBee Trust Center) (ZTC) : ZigBee güvenlik yapısını oluşturur ve yönetir. Aygıt, güvenlik ve ağ yönetimini sağlar.

3.2.9.4. ZigBee'nin desteklediği ağ topolojileri

Yıldız topolojilerde merkezde PAN koordinatör bulunur. Diğer bütün cihazlar noktadan noktaya olacak şekilde PAN koordinatörle iletişim kurarlar. Mesajlaşma koordinatör üzerinden yapılır. Şekil 3.10.'da merkezdeki cihaz koordinatör, diğer cihazlar son aygıttır.

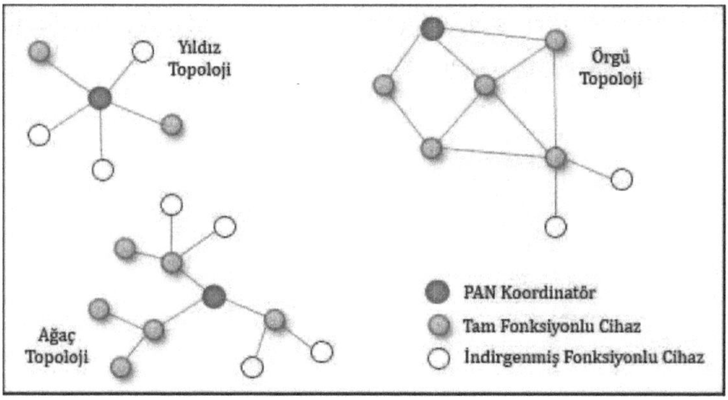

Şekil 3.10. ZigBee'nin desteklediği ağ topolojileri

Ağaç topolojisi hiyerarşik bir düzende cihazların birbirleriyle haberleşme biçimidir. Ağaç yapısının en üst noktasında PAN koordinatör bulunur. Bir düşük seviyede yönlendiriciler ve en alt seviyede ise son veya yönlendirici aygıtlar bulunur. Şekil 3.10.'de A aygıtının B ile haberleşmesi 1 nolu aygıt üzerinden sağlanırken, C aygıtıyla haberleşmesi PAN koordinatör tarafından sağlanır.

Örgü topolojisi en çok kullanılan topoloji olup aynı zamanda projede de kullanılmıştır (Şekil 3.10.). Bu tarz topolojilerde bütün cihazlar, birbirleriyle AODV (Ad-hoc Ondemand Distance Vector routing) algoritması yardımıyla haberleşmektedir. Eğer gidilecek yön bilinmiyorsa, AODV algoritmasıyla hedef aygıtın nerde ve hangi yönde bulunduğunu bulabilmek için ilk olarak kaynak aygıt yön istek (route request) paketini tüm ağa yayınlar. Bu paket içerisinde paketin dizi numarası, hedefin ağadresi, metrik bilgisi alanı ve kaynağın ağ adresi bulunmaktadır. Metrik, cihazlar arasında haberleşme yapılırken en avantajlı yolun bulunmasında üretici firma ve çeşitli standartlar tarafından parametreler kullanılarak hesaplanan maliyet bilgisidir. Yön istek yayınını alan diğer cihazlar, yalnızca yön istek paketini gönderen kaynağa gitmek istediği cihaza gidebileceği yönü metrik bilgisiyle iletir.

Birden fazla cihazdan yön istek paketine cevap alındığında, metrik maliyeti en düşük olan yoldan veri paketi yollanır.

4. MERA HAYVANLARININ KAA ÜZERİNDEN UZAKTAN İZLENMESİ

Meralarda hayvan yetiştiriciliği, besi hayvancılığne göre et ve süt verimliliği açısından avantajlı olduğu kadar, işletmeciliğinindeki farklılıklar ve bazı konular açısından kısıtlamalar meydana getirmektedir.

Meralar dönemlerinde taze ve besin değeri yüksek ve maliyeti düşük besin sağlama özellikleri ile et, süt verimliliğinde besi hayvancılığına gore avantajlar sağlar. Ancak, sınırsız bir arazi üzerinde dolaşan hayvanların gerektikçe yönlendirilmesi, su veya bazı gıda desteklerinin sağlanması, düzenli bakım ve kontrollerinin yapılmasını ve güvenliklerinin sağlanması gibi işletme özellikleri besi hayvancılığına gore bazı zorluklar getirir.

Bu çalışmada hayvancılıkta, hayvanları değerlendirirken öncelikle izlenenen hayvanın vücut sıcaklık ve hareketlilik verilerinin mera hayvanlarından, uzaktan, hızlı ve doğru biçimde alınmasına olanak sağlayacak ve bu verilerin, değerlendirilerek internet üzerinden de izlenmesine olanak sağlayacak bir sistem tasarımı ve uygulaması üzerine bir araştırma yapılmıştır.

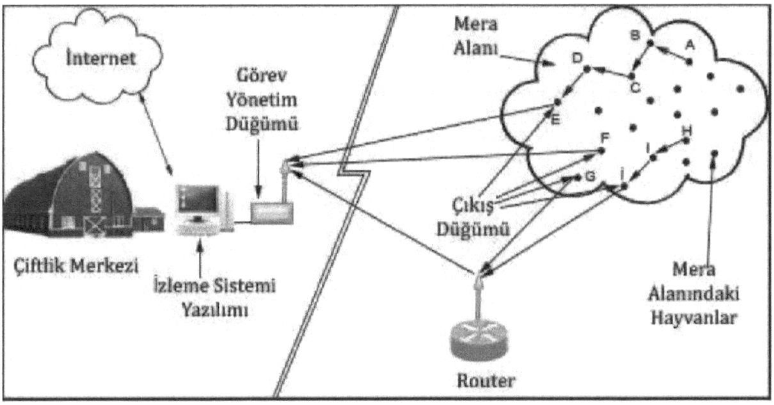

Şekil 4.1. Mera Hayvanlarının KAA üzerinden izlenmesi modeli

Şekil 4.1.'de mera hayvanlarının izlenmesine olanak sağlayan bir KAA modeli tasarımı görülmektedir. Model çiftlik merkezi, merkezi bir veri depolama, işleme ve internet bağlantı özelliklerine sahip bir bilgisayar, bilgisayara verilerin girişini sağlayan görev yönetim düğümü, hayvanlara takılmış KAA modülleri ve routerdan oluşmaktadır.

Bölüm 3'te teknik özellikleri detaylandırılan KAA modülleri üzerindeki sıcaklık ve hareketlilik algılayıcıları, hayvanlardan aldıkları verileri konumları uygunsa doğrudan, değilse en yakın başka bir modül üzerinden bir çıkış düğümü vasıtasıyla görev yönetim düğümüne iletirler. Eğer konum en yakın düğüme yaklaşık 150 metreden uzak ise veri routerlar üzerinden görev yönetim düğümüne iletilir. İzleme sistemi yazılımı hayvanlardan gelen verileri, depolar, analiz eder ve raporlar. Ayrıca internet üzerinden yapılacak olan bağlantı ile izleme olanağı sağlar.

Şekil 4.2.'teki tasarlanan KAA Mimarisinde de görüldüğü sistem yazılım ve donanım öğelerinden oluşmaktadır. Sistemin yazılım alt yapısında ise XBee Explorer USB'den veriler almak, değerlendirmek ve raporlamak için C# yazılım dili ile MSSQL veri tabanı kullanılmıştır. Donanım alt yapısı Arduino UNO R3, Wireless Proto Shield, XBee radyo, MMA7361 ivmeölçer, sıcaklık sensörü, XBee Explorer USB öğelerinden meydana gelmektedir.

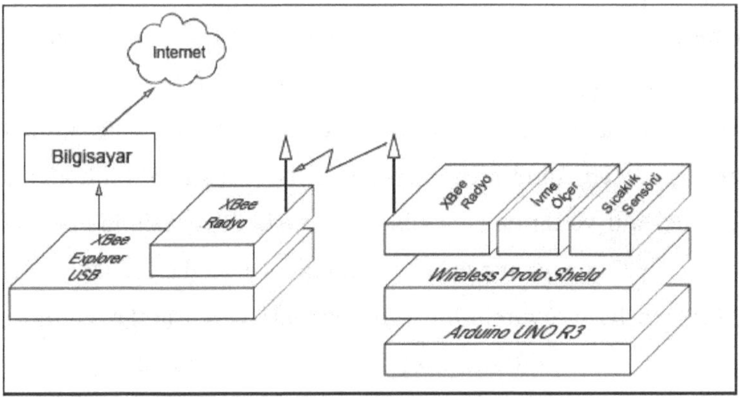

Şekil 4.2. Tasarlanan KAA Mimarisi

4.1. Yazılım Bileşenleri

KAA ile geliştirilen bu sistemin yazılım alt yapısı iki temel kısımdan oluşmaktadır. Bunlardan ilki KAA düğümleri içerisine yazılan sensörden veri almak, aldığı verileri yorumlamak ve son olarakta diğer düğümler aracılığı ile merkezi düğüme veri aktarmak için olan kısım, diğeri ise merkezi düğümden alınan verileri okumak için olan kısım. Düğümler içerisine yazılacak yazılım ardunio programlamasına dayanmaktadır. Merkezi düğümden bilgisayara veri aktaracak yazılım ise c# yazılım dili ile kodlanmıştır.

4.1.1. C# dili

C# Programlama Dili, Microsoft'un geliştirmiş olduğu yeni nesil dilidir. Yine Microsoft tarafından geliştirilmiş .NET Teknolojisi için geliştirilmiş dillerden biridir.Microsoft tarafından geliştirilmiş olsa da ECMA ve ISO standartları altına alınmıştır.C programlama dilinde bir tamsayı değişkeni 1 attırmak için ++ soneki kullanılır. C++ dili adını, C diliyle Nesneye Yönelimli Programlama yapabilmek için eklentiler (C With Classes) almıştır. Benzer şekilde C++ diline yeni eklentiler yapılarak ((C++)++) bir adım daha ileriye götürülmüş ve tamamen nesneye yönelik tasarlanmış C# dilinin isimlendirilmesinde, + karakterlerinin birbirlerine yakınlaşmış hali ve bir melodi anahtarı olan C# Major kullanılmıştır. Bu dilin tasarlanmasına Pascal, Delphi derleyicileri ve J++ programlama dilinin tasarımlarıyla bilinen Anders Hejlsberg liderlik etmiştir. Birçok alanda Java'yı kendisine örnek alır ve C# da java gibi C ve C++ kod sözdizimine benzer bir kod yapısındadır. .NET kütüphanelerini kullanmak amacıyla yazılan programların çalıştığı bilgisayarlarda uyumlu bir kütüphanenin ve yorumlayıcının bulunması gereklidir. Bu, Microsoft'un .Net Framewok'u olabileceği gibi ECMA standartlarına uygun herhangi bir kütüphane ve yorumlayıcı da olabilir. Yaygın diğer kütüphanelere örnek olarak Portable.Net ve Mono verilebilir. Özellikle nesne yönelimli programlama kavramının gelişmesine katkıda bulunan en aktif programlama dillerinden biridir. .NET platformunun anadili olduğu bazı kesimler tarafından kabul görse de bazıları bunun doğru olmadığını savunur.

C#, .NET orta seviyeli programlama dillerindendir. Yani hem makine diline hem de insan algısına eşit seviyededir. Buradaki orta ifadesi dilin gücünü değil makine dili ile günlük konuşma diline olan mesafesini göstermektedir. Örneğin; Visual Basic .NET (VB.NET) yüksek seviyeli bir dildir. Dersek bu dilin insanların günlük yaşantılarında konuşma biçimine yakın şekilde yazıldığını ifade etmektedir. Dolayısı ile buradan yola çıkarak VB.NET, C#.NET'ten daha güçlü bir dildir denilemez. Programın çalışması gereken bilgisayarlarda framework kurulu olması gerekmektedir(Win7 ve Vista'da framework kuruludur).

ECMA tarafından C# dilinin tasarım hedefleri şöyle sıralanır: C# basit, modern, genel-amaçlı, nesneye yönelik programlama dili olarak tasarlanmıştır. Yazılımın sağlamlılığı, güvenirliliği ve programcıların üretkenliliği önemlidir. C# yazılım dili, güçlü tipleme kontrolü (strong type checking), dizin sınırlar kontrolü (array bounds checking), tanımlanmamış değişkenlerin kullanım tespiti, (source code portability), ve otomatik artık veri toplama gibi özelliklerine sahiptir. Programcı portatifliği özellikle C ve C++ dilleri ile tecrübesi olanlar için çok önemlidir. Enternasyonal hale koymak için verilen destek çok önemlidir. C# programlama dili sunucu ve gömülü sistemler için tasarlanmıştır. Bununla birlikte C# programlama dili en basit işlevselli fonksiyondan işletim sistemini kullanan en teferruatlısına kadar kapsamaktadır.

C# uygulamaları hafıza ve işlemci gereksinimleri ile tutumlu olmak uzere tasarlanmıştır. Buna rağmen C# programlama dili performans açısından C veya assembly dili ile rekabet etmek için tasarlanmamıştır.

Tüm bu eşsiz özelliklere rağmen C# programlama dilinin eksik yönleri de vardır. Diğerleri gibi Sanal Makine'ye dayalı dillerden biridir, C# programlama dili direkt yerleşik kod'a derleyen dillerden daha yavaştır.

4.1.2. MSSQL veri tabanı

Microsoft SQL Server Client-Server ve web tabanli uygulamalarda ihtiyaç duyulan veri depolama çözümlerinde kullanılan bir sunucu yazılımıdır. SQL Server'i iki tür veritabanını yönetmek için kullanılır. Bunlar OLTP (Online Transaction Processing) veritabanlari ve OLAP (Online Analytical Processing) veritabanlarıdır. Genel olarak farklı client'lar network üzerinden haberleşerek veritabanlarına erişirler. SQL Server ile terabyte boyutundaki veritabanlarını yönetebiliriz. Birden fazla sunucu arasında Windows Clustering yaparak SQL Server'i kullanabiliriz.

SQL Server ile yoğun verileri işleyebilir, saklayıp analiz edebilir ve yeni uygulamalar geliştirebiliriz. SQL Server OLTP ve OLAP için gerekli olan veri saklama ürünlerini ve teknolojilerini destekler. SQL Server bir ilişkisel veritabanı yönetim sistemidir (RDBMS: Relational database management system).

SQL Server; Veri işleme ve analiz için saklanan veri yığınlarını yönetebilir, Client uygulamalarından gelen isteklere cevap verebilir. SQL Server Analiz Servisi toplu raporlama ve analizde, veri modelleme ve karar destege kadar geniş alanda çözümler sunar. Kullanıcılar SQL Server ve Analiz Servisine direct olarak ulaşamaz; verilere erişmek için yazılmış client uygulamaları kullanırlar.

4.1.3. Ardunio ile KAA cihazlarının programlanması

Arduino kartları üzerinde Atmel firmasının çeşitli mikrodenetleyicileri bulunur. Arduino UNO mini gibi modellerde Atmega328p mikrodenetleyiciler kullanılmaktadır. Bu mikrodenetleyiciye ait yazılım Arduinoya ait bir editör tarafından programlanmaktadır.

Arduino IDE kod editörü ve derleyici olarak görev yapan, aynı zamanda derlenen programı karta yükleme işlemini de yapabilen, her platformda çalışabilen Java programlama dilinde yazılmış bir uygulamadır. Arduino donanım referans tasarımları Creative Commons Attribution Share-Alike 2.5 lisansı ile dağıtılmaktadır ve Arduino web sitesinden indirilebilir.
Bazı Arduino donanımları için yerleşim ve üretim dosyaları da mevcuttur. Geliştirme ortamının kaynak kodu ve Arduino kütüphane kodları GPLv2 lisansıyla lisanslanmıştır.

4.2. Donanım Bileşenleri

4.2.1. Arduino UNO R3

Arduino basit bir I/O kartı ve Processing&Wiring dilini uygulayan bir geliştirme çevresi temelleri üzerine kurulu açık kaynaklı fiziksel hesaplama platformudur. Arduino tek başına interaktif nesnelerin geliştirilmesi için kullanılabileceği gibi bilgisayar üzerindeki yazılımlara da bağlanabilir (örn. Flash, İşleme, MaxMPS). Açık kaynak IDE, ücretsiz olarak indirilebilir (mevcut olarak Mac OS X, Windows ve Linux desteklenmektedir). Şekil 4.3.'te Arduino'ya ait UNO R3 modelindeki ürün görülmektedir.

Şekil 4.3. Arduino UNO R3

Arduino Duemilanove otomatik olarak uygun güç kaynağını seçmektedir (USB ya da harici güç). USB sigorta koruması, yazılım sıfırlaması gibi birçok özelliği bulunmaktadır. Bu kart ATMega328 ve önceden yüklü olarak bootloader ile tam montajlı ve test edilmiş olarak gelmektedir.

Arduino kartları üzerinde Atmega firmasının 8 ve 32 bit mikrodenetleyicileri (arduino due) bulunur. Çalışma voltajı 5V'dir. Giriş voltajı ise 7-12V arası değişebilmektedir. Arduinonun 6 adet analog girişi ve 14 adet dijital giriş çıkış pini bulunmaktadır. Arduino kütüphaneleri ile mikrodenetleyicileri kolaylıkla programlanabilir. Analog ve dijital girişleri sayesinde analog ve dijital verileri işlenebilir. Sensörlerden gelen verileri kullanılabilir. Dış dünyaya çıktılar (ses, ışık, hareket vs) üretilebilir. Arduino kartlarında genel olarak ATmega328 mikro işlemciler kullanılır.

4.2.2. XBee radyo

Şekil 4.4.'de görülen XBee ve XBee-Pro 802.15.4. OEM RF modülleri kablosuz cihazlar için birçok gömülü sistem uygulamaları oluşturmaya olanak sağlar. Bu cihazlar IEEE 802.15.4 protokolüne uygun çalışırlar. Point-to-multipoint ve peer to peer ağları desteklerler. Düşük gecikme süresi ve öngörülebilir iletişim zamanı gerektiren yüksek hacimli uygulamalar için geliştirilmişlerdir.

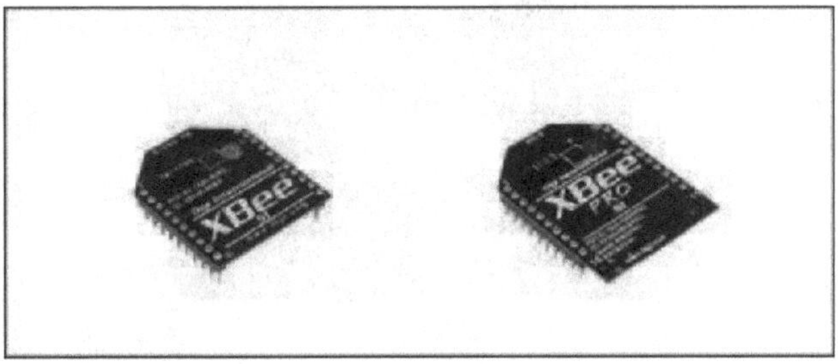

Şekil 4.4. XBee Seri 1 ve XBee-Pro 802.15.4.

XBee Seri 1 modüller düşük güç ve düşük maliyetli uygulamalar için idealdir. XBee-Pro modülleri ise genişletilmiş menzilli uygulamalar için elverişlidir. RF ürünlerinin XBee ailesinin bir parçası olan bu modüller aynı teknolojiyi paylaşan diğer XBee ürünleri ile tam uyumludur. XBee Seri 1 saniyede 250 kbps'ye yakın veri transfer hızına ulaşabilmektedir. Ayrıca 150m'ye kadar çekim mesafesi vardır. Güç tüketimi 500ma@3.3v tur.

4.2.3. XBee ağ geçidi

Şekil 4.5.'de görüldüğü gibi XBee ağ geçidi, XBee Explorer USB ve bir adet XBee düğümden oluşur. XBee Explorer USB, mini USB kablosu ile bilgisayara bağlanır. Ağ geçidi, bilgisayardan gelen paketleri ağa, ağdan gelen paketleri de bilgisayara aktarır. Bütün iletişim broadcast olarak yapılır yani bir düğümün gönderdiği paketlerin hepsi ağ geçidi ve diğer düğüm tarafından görünür.

Şekil 4.5 XBee Explorer USB ve XBee Seri 1 Düğüm

4.2.4. Wireless proto shield

Şekil 4.6.'da görülen Wireless proto shield arduino boardların kablosuz olarak diğer birimlerle iletişimini sağlayan birimdir. XBee modüller üzerine kurulur. Bu modül ile 100 ile 300 metre arasında açık alanda iletişim kurulabilir. USB ile bilgisayarla bağlantı kurulabilir. Arduino UNO R3'e üst kısımdan monte edilir.

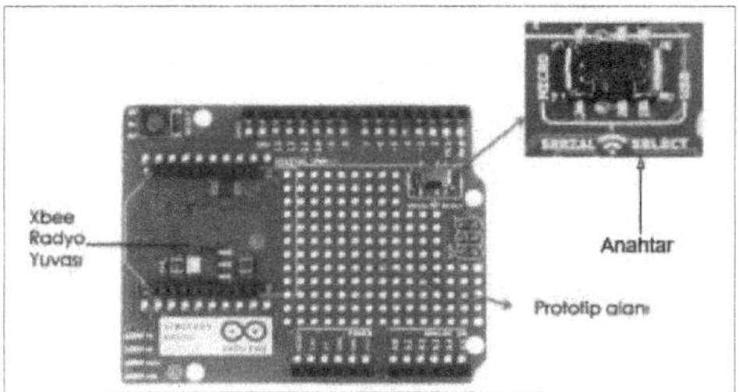

Şekil 4.6. Wireless Proto Shield

Wireless proto shieldin sağ üst kısmında bir adet switch (anahtar) bulunur. Bu anahtar ile Arduinonun kablolu veya kablosuz haberleşme ortamı seçilir. Switch micro konumundayken Arduino XBee üzerinden RF haberleşirken, USB konumundayken Arduino üzerindenki USB portundan kablolu haberleşme sağlanır.

4.2.5. MMA7361 eksen analog ivmeölçer

İvmeölçerler, belli doğrultularda ivmelenmeyi ölçen cihazlardır. Genelde otonom denge sağlanması istenilen yerlerde kullanılırlar. Açı ölçümünde de kullanılabilirler. Şekil 4.7.'de MMA7361 marka ivmeölçer görülmektedir.

Şekil 4.7. İvmeölçer kartı üzerinde MMA7361

Statik durumda iken, yani hareket etmez iken de yerçekimine maruz kaldıkları için çıkışlarından, yer ile yaptıkları açıya göre çıkış üretirler. Şekil 4.7.'de görülen MMA7361 ivmeölçer kartının ortasında bulunan siyah kısım asıl sensör kısmıdır. Bu sensör kartın üzerine montajlanmış ve çıkış verebilmesi için gerekli minimum düzeydeki elemanlar ile birleştirilerek kullanıma hazır hale getirilmiştir. MMA7361 üç eksenli bir ivmeölçerdir. Şekil 4.8.'de görüldüğü gibi üç farklı doğrultuda çıkış bilgisi üretebilir.

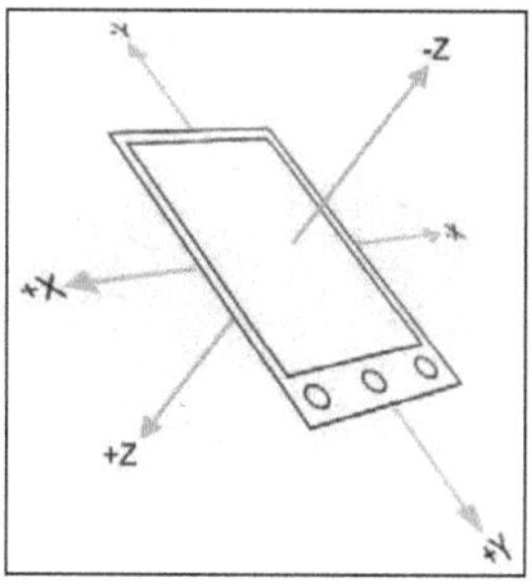

Şekil 4.8. MMA7361 İvmeölçer ekseni

Ayrıca bu sensörün iki farklı G-kuvveti (1.5g, 6g) düzeyi ölçüm imkanı vardır. Aynı zamanda 0g yani serbest düşüş uyarı çıkışı da bulunmaktadır. Örneğin dizüstü bilgisayarların yere düşerken harddisklerini kapatması için kullanılan yapıda bu şekildedir. Kartın üzerinde bir de 3.3 V regülatör bulunur ve istersek direkt olarak 3.3V ile, istenirse de 5V ile kart sürülebilir. Eğer 5V ile sürecek ise 3.3V ucundan regüle edilmiş 3.3V değerinde gerilim alınabilir.

Şekil 3.22'de görüldüğü gibi ivme sensörüne ait 4 adet çıkış vardır. 0g serbest düşüş uyarısı için, diğer üç çıkış ise x, y ve z çıkışlarıdır. Bu çıkışlar sensörün aldığı açı değerlerine göre 0.85 V ve 2.45V arasında değişen analog bilgi üretirler.Şekil 3.14.'te ivmesensörünün Wireless Proto Shield üzerine pin bağlantılarının nasıl yapıldığı görülmektedir.

4.2.6. LM 35 ve Lilypad sıcaklık sensörleri

Projenin KAA ile ilgili deney aşamalarında hayvanlara ait ölçümün net yapılamadığı için algılayıcı düğümlere LM35 sıcaklık sensörleri takılmıştır. Projenin hayata geçirilmesi safhasında hayvanlara takılacak modüllerde Şekil 4.9.'da görülen pad sensör uygulanacaktır.

Şekil 4.9. LilyPad sıcaklık sensörü

LM35 ortam sıcaklığına göre potansiyel fark oluşturan bir transistördür. Şekil 4.10.'da görüldüğü gibi LM35'in 3 bacağı bulunmaktadır. Transistöre ön taraftan baktığımızda soldan itibaren 1. bacak +Vc, 2. bacak Vout, 3. bacak toprak.

Şekil 4.10. LM35 Sıcaklık sensörü bacak yapısı

+Vc için uygun gerilim aralığı +4V ile +30V arasındadır. Fakat genel olarak +5V veya +12V kullanılır. Transistörün 10mV/C hata oranı bulunmaktadır. Ortam Sıcaklığı = Vout * (100 C /V) formülü ile basitçe hesaplanabilir. Vout 1V ise ortam sıcaklığı 100C derece demek oluyor.

4.2.7. Wireless proto shield pin bağlantıları

Şekil 4.11.'de Wireless Protoho Shield'da yer alan aref pini 3.3. V'a bağlanmıştır. Bunun sebebi analog okumalarının 3.3 V üzerinden yapıldığında daha yüksek çözünürlüklü olmasıdır. İvme sensöründen gelen x, y, z uçları sırasıyla A1, A2,

A3 dijital girişleni bağlanmıştır. Sıcaklık sensöründen gelen uç ise A0 pinine bağlanmıştır

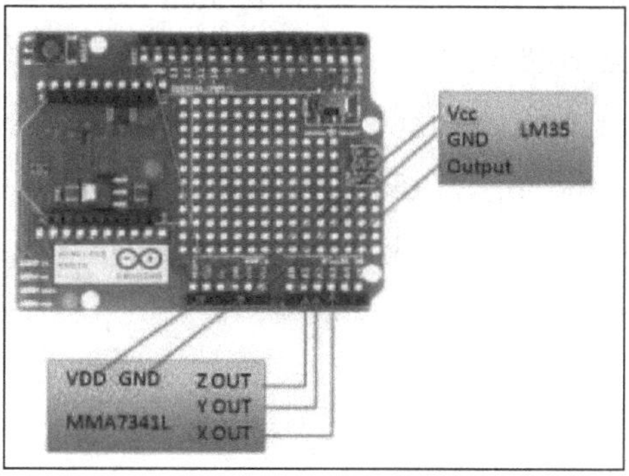

Şekil 4.11. Wireless Protoho Shield pin bağlantıları

4.3. KAA Düğümleri İçin Yazılım Geliştirme

Şekil 4.12.'de görülen hayvanların boyunlarında tasma ile taşınabilecek şekilde tasarlanan KAA modüllerinin pil ömürleri 3 ile 4 yıl arası değişmektedir.Bu modüller özel bir durum olmadıkça hayvanların kulaklarına takılan küpeler gibi ömür boyu hayvanın üzerinde kalabilirler.

Şekil 4.12. XBee düğümü

Modüller 802.15.4. protokolüne uygun çalışmaktadır. Şekil 4.13.'te görüldüğü gibi Modüller ilk aktif edildiği anda kendisine en yakın üzerinden veri aktarımına başlamaktadır. Projenin yazılımı doğrultusunda düğüm örgü topolojisine uygun olarak çalışmaya başladığında ağdaki tüm düğümlere yayın yapmaya başlar. Gönderdiği veri paketi ağdaki diğer düğümler üzerinden sürekli olarak aktarılarak merkezi düğüme gider. Merkezi düğüme gelen veri paketi başka düğümler üzerinden de tekrar olarak gelebileceği için bu veri paketi yazılımsal olarak kontrol edilerek daha once gelen paketler program içine aktarılmaz.

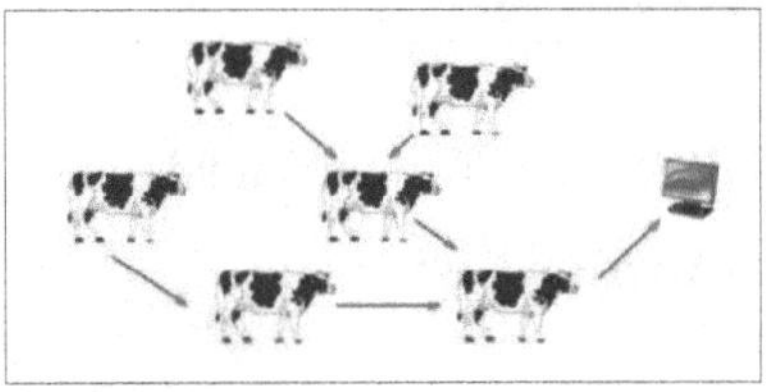

Şekil 4.13 Modüllerin kendine en yakın modül üzerinden haberleşmesi

Böylelikle bağlantı sürekli olarak devam etmiş olur. Bazı durumlarda sensor düğüm diğer sensor düğümlerinde ulaşamayabilir. Böyle durumlarda pil ömrünü biraz azaltacakta olsa kesintisiz bağlantının devam edebilmesi için Şekil 4.14.'te görülen kendisine en yakın router üzerinden iletişimine devam etmektedir.

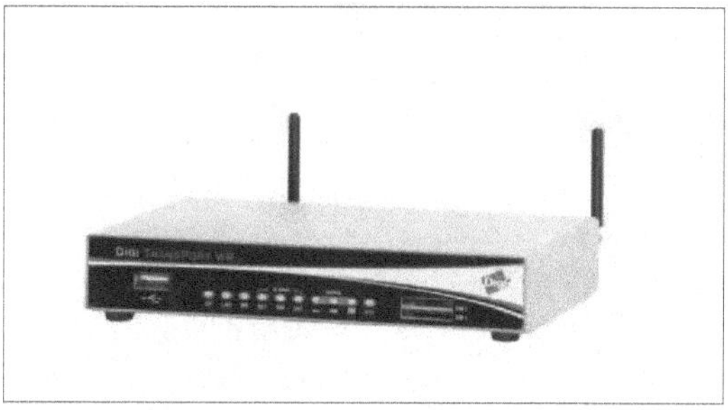

Şekil 4.14. Digi TransPort™ WR41 router

Bu routerlar kullanarak düğümlerin merkezi üniteyle uzaklıkları 15 ile 45 km arasına çıkabilmektedir. Bu da mera hayvancılığı için uygun bir mesafedir.

Hayvanlardaki düğümlerin programlanmasında Arduino IDE kullanılmaktadır. Uygulama için geliştirilecek yazılım Arduino UNO R3 üzerindeki ATmega328'ya yüklenmektedir. XBee modülü takılı iken Arduino programı yüklenemez. Arduino modülü, XBee modülünü çıkarıldıktan sonra programlanabilir. Bu uygulama için arduino üzerindeki ATmega328 nin mikroişlemcisi kullanıldığı için XBee modülünün programlanmasına gerek duyulmadı.

Şekil 4.15.'te düğüm yazılımının tanımlama kısmını göstermektedir. Burada her bir düğüm içine yazılacak program ayrı ayrı oluşturulup USB aracılığı ile arduinoya yüklenir.

```
#include<stdlib.h>

#define tempPin A0
#define XOUT A3
#define YOUT A2
#define ZOUT A1

int NODE_ID=1; // Node ID
int sample_round=1; // number of samples to be taken:
// total_samples=sample_round*pcktSample
int pcktSample=1; // pcktSample taken for a packet
int sample_period=50; //sample period in ms
int sleep_time=0; //time between two sample sets

int sample_count=0; // counter for the samples taken
float tempC;        // stores the temperature reading
int AccArray[60]; // 3 axis sampling *pcktSample
int packet=1;      // packet counter

String inputString = "";          // a string to hold incoming data
String pcktString = "";           // a string to hold outgoing packet data
boolean stringComplete = false;  //shows whether the string is complete or not
```

Şekil 4.15. Düğüm yazılımı tanımlamaları

NODE_ID kısmında her düğüm için farklı bir numara verilmesi şarttır. Bu verilerin merkezi düğüme aktarıldığında hangi hayvana ait olduğunun tespiti için kullanılacaktır. Ayrıca düğümlerin diğer düğümler üzerinden izlediği yol veriside bu NODE_ID aracılığı ile tespit edilecektir. SAMPLE_ROUND=1 kısmı bir seferde yapılacak ölçümü belirtmektedir. PCKTSAMPLE=1 kısmında her pakette toplam kaç ölçüm yer alacağı ayarlanmaktadır. Pil ömrünün uzun olabilmesi için örneğin bir saat boyunca yirmi kez ölçüm yapılıp bunlar toplu olarak gönderilebilir. Ama arge çalışmaları esnasında bu değerin stabile açısından 1 kalması tavsiye edilir. Sample_perioud=50 iki ölçüm arasındaki süreyi milisaniye açısından tanımlar. 50 milisaniye 20Hz'e karşılık gelir ve hayvanların hareketlerini doğru izleyebilmek için en ideal değer budur. Sleep_time iki ölçüm arasındaki süreyi temsil eder. Pil ömrünü uzatmak için bu süre artırabilir. Örneğin bir dakika ara ile 20 ölçüm alabilmek için Sleep_time=60000

Samlpe_round=20 olmalıdır.

Şekil 4.16.'da görülen kısım tanımlamalardan sonra gelen programın sensörlerden veriyi okuyup, verileri paket haline getirdikten sonra gönderen kısmıdır. Bu kısımda Serial.Begin(9600) ile seri portu 9600 Baud'a ayarlar.

```
void setup() {
  // initialize serial:
  Serial.begin(9600);
  analogReference(EXTERNAL);
  // reserve 200 bytes for the strings:
  inputString.reserve(200);
  pcktString.reserve(200);
}

void loop() {
  delay(sleep_time);

  //sample temp
  tempC =sample_temp()*10;
  // temperature in celcius multiplied by 100 (for sorting out later)

  for (sample_count=0;sample_count<sample_round;sample_count++)
  {
    for(int i=0; i<pcktSample; i++){
      AccArray[i*3]=analogRead(XOUT);
      AccArray[i*3+1]=analogRead(YOUT);
      AccArray[i*3+2]=analogRead(ZOUT);
      delay(sample_period);
    }
    // send packet
    send_pckt();
  }
}
```

Şekil 4.16. Sensörlerdeki verilerin okunması ve paketin gönderilmesi

AnalogReference kısmın analog okumalar için kullanılır. Externail pin seçilir. Bu pin 3.3V'a bağlanmıştır. tempC = sample_temp()*10 satırında sıcaklık sensöründen veriler okunur. Bu değerlerin çözümürlüğnünü artırılması için 10 ile çarpılır. For (sample) ile başlayan dış for döngüsü kısımda ivme çlçerin verdiği analog değerler okunur. Bu değer merkezi düğüm aracılığı ile bilgisayara ulaştığında G birimine çevrilir. Son olarak send_pckt() ile oluşturulan paket ağa yollanır. Şekil 4.17.'de görülen sıcaklık okuma fonksiyonu sensörün bağlı olduğu pinden sıcaklık değerini okuyup derece cinsinden karşılığını geri döndürür.

```
  Sample temperature
 */
float sample_temp()
{
  float temp;
  temp = analogRead(tempPin); //read the value from the sensor
  temp = (3.3 * temp * 100.0)/1024.0; //convert the analog data to temperature
  return temp;
}
```

Şekil 4.17. Sıcaklık okuma fonksiyonu

Şekil 4.18.'de görülen düğüm içerisindeki send_pckt fonksiyonudur. Düğümlerdeki paketlerin hepsi "<" ile başlar ve ">" işareti ile biter. "<" işaretini "N" ve düğüm numarası yani NODE_ID takip eder. Paket bileşenleri pcktString

```
void send_pckt(){
  //send packet
  pcktString +='<' ;
  pcktString +='N';
  pcktString += char (NODE_ID+'0');
  pcktString +=',';
  pcktString += packet;
  packet++;
  if(packet==100) packet=1;
  pcktString +=',';
  pcktString +=(byte)tempC;
  for(int i=0; i<pcktSample; i++){
    for(int j=0; j<3; j++)
    {
      pcktString +=',';
      pcktString += AccArray[i*3+j];
    }
  }
  pcktString +=',';
  pcktString +='>' ;
  Serial.println(pcktString);
  pcktString = "";
  return;
}
```

Şekil 4.18. Paket yollama fonksiyonu

adlı bir string içerisinde saklanır. PcktString sadece "char" tipi bileşenleri saklar. Oluşturulan paket Serial.pringln() fonksiyonu ile seri porta aktarılır. Eğer Arduino XBee'ye bağlı değilse ve bilgisayara bağlı ise, paket bilgisayara yollanır. Eğer Arduino XBee'ye bağlı ise bu fonksiyon paketi XBee'ye ve dolayısıyla ağa yollar. Serial.Available() fonksiyonunu izleyerek, seri porttaki bütün veriler inputString serisine aktarılır (Şekil 4.19.).

```
void serialEvent() {
  while (Serial.available()) {
    // get the new byte:
    char inChar = (char)Serial.read();
    // add it to the inputString:
    inputString += inChar;
    // if the incoming character is a newline, set a flag
    // so the main loop can do something about it:
    if (inChar == '\n') {
      stringComplete = true;
      receive_pckt();
    }
  }
}
```

Şekil 4.19. Seri data almak için fonksiyon

Newline karakteri, "\n", okunana kadar bu işlem devam eder. "\n" okununca stringComplete işareti verilir ve receive_pckt() fonksiyonu çağılır. Şekil 4.20.'de paket iletim kodları yer almaktadır. Gelen paketin ilk iki karakteri kontrol edilir ve eğer bu iki karakter "<N" ise düğüm numarası kontrol edilir. Düğüm diğer düğümden gelen bir paketi algılarsa bu paketi tekrar gönderir.

```
void receive_pckt() {

  if (stringComplete) {
    //if(inputString[0] == 'N')
    if(inputString[0] == '<' && inputString[1] == 'N')
    {
      //if data is from another node, forward it
      if((inputString[2]-'0') != (NODE_ID))
      {
        //inputString[2]='F';
        Serial.println(inputString);
      }
    }
  }
}
```

Şekil 4.20. Paket iletimi kodları (forwarding)

Eğer kendi gönderdiği paketi diğer düğüm aracılığı ile tekrar alırsa, bunu bir kere daha göndermez. Aksi halde, düğüm sonsuz bir döngüde sıkışır. Düğüm, paketin ilk sahibini anlamak için NODE_ID parametresini kullanır. Düğümler yaşam süresini uzun tutabilmek için sürekli diğer düğümlerle iletişim halinde olmazlar. Düğümler kendilerinden istenen ölçümleri yapıp kısa süreliğine hafızasında bu bilgileri saklayabilirler. Daha sonra merkezi üniteyle iletişime geçip bu verileri topluca gönderebilirler. Her bir düğümün üzerinde hayvanın aktivitesini ölçebilecek yetenekte hareket sensörleri ve vücut sıcaklığını ölçebilecek sıcaklık sensörleri bulunmaktadır. Ancak düğüm bu sensör verilerini yorumlayıp hayvanın aktivitesine karar veremez. Bu ancak verilerin merkezi üniteye aktarılıp bazı algoritmalar tarafından yorumlanmasıyla elde edilebilir.

4.4. İzleme Sistemi İçin Geliştirilen Yazılım

Şekil 4.21.'de görülen çiftlik uygulaması KAA'dan alınan verilerin txt dosyasına kaydedilip işlenmesinden sonraki aşamaların son kullanıcı tarafından takip edilmesine olanak sağlamaktadır. Uygulama ağ geçidindeki verileri okuyup txt dosyasına kaydeder. Txt dosyasına kaydedilen veriler her 10 dakikada bir işlenip veri tabanına kaydedilir.

Şekil 4.21. İzleme sistemi yazılımı

4.4.1. İzleme sistemi yazılımının ağ geçidine bağlanması ve verilerin okunması

Otomasyonun bu kısmında USB ile bilgisayara bağlı olan XBee ağ geçidine erişilip veri alınmaktadır. Ağ geçidinide bağlanıldığı anda veriler 3 ana dosya içerisinde toplanır. Bunlardan ilki şekil 4.23.'de görülen rawdata.txt dosyasıdır. Bu dosya ağ geçidinden alınan verilerin işlenmemiş ilk halidir. Bu veriler alındıktan sonra veri ayıklama algoritmalarına tabi tutulup aralarında birden fazla aynı veri var ise süzülüp daha sonra Node1.txt ve Node2.txt dosyalarına kayıt yapılmaktadır.

Düğümlerden gelen verilerin formatları 8 parçadan oluşmaktadır (Şekil 4.22.). Txt dosyasının her satırı 1 veri paketini temsil etmektedir. Her satırında ilk bölümünde verinin alındığı tarih ve saat yer almaktadır.

İkinci kısmında veriyi hangi düğümün gönderdiği görülmektedir. "<N1" ile temsil edilen bölümde verinin hangi düğüm üzerinden geldiğini göstermektedir. Düğüm numarasından sonra gelen kısımda verilerin merkezi düğüme ulaşırken

izlediği yolu belirtir. Şekil 4.22.' de görülen veriler "N1" numaralı düğüm üzerinden doğrudan merkezi düğüme geldiği için düğümün geçtiği yol 1 olarak görülmektedir. Eğer N1 numaralı düğüm merkezi düğümden uzak olsaydı ve veriler N2, N3, N4 numaralı düğümler üzerinden gelseydi bu bölümün formatı "2, 3, 4" şeklinde txt dosyasına kaydedilmiş olacaktı.

Bir sonraki bölümdeki "23,8" ve altındaki değer o anki sensörün algıladığı sıcaklığı ifade etmektedir.

Sıcaklık bölümünden sonra gelen veriler ise ivmesensörünün oluşturmuş olduğu X, Y, Z, eksenindeki hareketlilikeri temsil etmektedir.

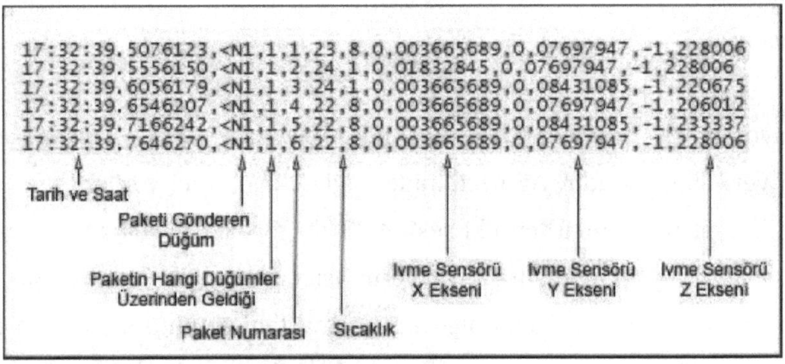

Şekil 4.22. Düğüm üzerinden gelen text formatındaki veri

```
delegate void SetTextCallBack(string text); // Textbox için kullanılan callback
delegate void SetDgCallBack(); //Birinci grid görünümü için olan callback
delegate void SetDgCallBack1(); //İkinci grid görünümü için olan callback

bool BaslatKontrol = true;
DataTable dtNode1 = new DataTable(); //Node 1 verilerini tutan datatable
DataTable dtNode2 = new DataTable(); //Node 2 verilerini tutan datatable

DataRow satır;

TextWriter file = new StreamWriter("rawdata.txt"); // işlenmemiş verilerin saklandığı .
TextWriter node1 = new StreamWriter("Node1.txt"); // Node 1 verilerinin saklandığı .txt
TextWriter node2 = new StreamWriter("Node2.txt"); // Node 2 verilerinin saklandığı .txt


// Bir paketin iki kere alınıp alınmadığını kontrol etmeye yarayan yapı
String[] history = new string[20];
int write = 0;
Boolean duplicate = false;

// Verilerin işlenmesinde kullanılan sabitler
float VRef=3.3F; // Referans voltaj değeri
float VZeroG=1.65F; // Sıfır G konumundaki voltaj değeri
float Sensitivity=0.44F; // Her G için voltaj değişimi
```

Şekil 4.23. C# ile USB'den alınan verilerin kaydedilmesi tanımlamaları

4.4.2. Txt dosyasındaki verilerin işlenmesi aşaması

Hareketliliği net ölçebilmek için algılayıcı düğümlerden saniyede en az 20 veri alınması gerekmektedir. Ancak bu şekilde hayvanların net hareketleri tespit edilebilmektedir. Ancak bu hızda alınan verilerin eş zamanlı olarak işlenip veri tabanına kaydedilmesi uygulamanın hızını yavaşlatacağı için bu işlem her 10 dakikada 1 defa otomatik olarak yapılmaktadır. Sistem her 10 dakika başında veri alımını otomatik olarak durdurur. Veriler işlendikten sonra sistem otomatik olarak başlatılır ve Node1.txt ve Node2.txt dosyalarına yeni veriler kaydedilmeye başlanır. Veriler işlenme aşamasında her bir düğüm için ortalama 1200 satırlık veri işlenir.

Hayvanın vücut sıcaklığı hesaplanırken herhangi bir satırdaki vücut sıcaklığı alınıp veri tabanına kaydedilebilir.

Hayvana ait hareketlilik hesaplamasında bazı algoritmalar kullanılır. Bunlardan birtaneside adım sayısının artışını gözlemektir. Adım sayısı hesaplarken hayvana ait diğer hareketlerinde göz önünde bulundurulması gerekmektedir. Örneğin düğümün hayvanın boynuna bağlanma şekline göre ya da hayvanın günlük hareketliliğine göre sensöre yaptığı etki değişebilmektedir. Aynı zamanda havyan yürümeden de bazen boynunu sağa sola ya da aşağı yukarı çevirebilir. Buda sensörlerde hareket olarak algılanıp hayvanın adım attığı düşünülebilir. Bunun için sistemin bir hayvan üzerinde net olarak ölçülebilmesi için öncesinde bir günlük izleme yapılmalı hayvandaki adım sayılarına göre sensöre olan etkileride kaydedilmelidir.

Hayvana ait veriler işlenip adım sayısı hesaplanırken sensörün bağlanma konumuna göre hayvanın x ekseninden sonra gelen y eksenindeki değişmeler dikkate alınmaktadır. Örneğin hayvan ileri doğru hareket ettiğinde y ilk olarak sabit kalır x ekseninde bir miktar artış görünür. Sistem bu sırada y ekseninde birkaç milisaniye hareket bekler. Eğer bu hareket gerçekleşirse hayvan adım atmış demektir. Tespit edilen bu adım sayısı gün içerisindeki diğer adım sayıları üzerine eklenir.

Tüm bu veriler sistemde birim saat olarak tutulmaktadır. Hayvanların adımlarının takibinde saatlik, günlük, aylık raporlar alınabilir.

4.4.3. Süt verimliliklerin takibi ve sistem açısından önemi

Süt verimlilikleri hayvanlara ait bazı durumların tespitinde önem taşımaktadır. Örneğin hastalık veya kızgınlık dönemlerinde süt verimi belirli oranlarda düşmektedir. Otomasyonun Şekil 4.24.'de görülen kısmında hayvana ait süt bilgileri günlük olarak girilmektedir.

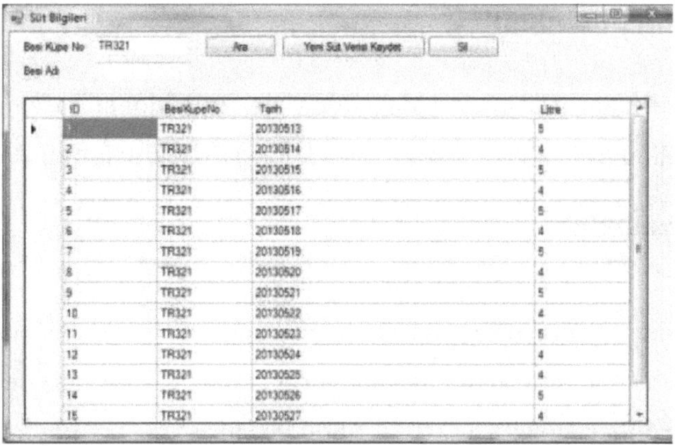

Şekil 4.24. Süt bilgilerinin girilmesi

4.4.4. Hastalık işlemlerinin takibi ve sistem açısından önemi

Hayvanın vücut sıcaklığı kızgınlık dönemlerinde 2 dereceye kadar artış gösterebilmektedir. Sistem analiz yaparken bu değeride göz önünde bulundurmaktadır. Ancak hayvana ait bazı rahatsızlık durumlarında da vücut sıcaklığı artış gösterir. Bu gibi durumların ayırt edilebilmesi için hayvanın başka bir rahatsızlığı var ise tarih ve saat olarak sisteme girilir ve analiz yapılırken vücut sıcaklığı gerekirse dikkate alınmayabilir.

5. ARAŞTIRMA BULGULARI

Bu bölümde çalışma sonunda elde edilen sistemin donanımsal ve yazılımsal uygulama özellikleri ve örnek verilerin rapor arayüzleri anlatılmaktadır.

5.1. Modül Özellikleri

Çalışma sonunda Şekil 5.1.'de görünen üzerinde sıcaklık ve ivmesensörü ile donatılmış ve bu sensörlerden alınacak verileri KAA üzerinden izleme sistemine aktaracak modüller geliştirilmiştir. Modüller hayvanların boyunlarına tasma biçiminde takılacak şekilde tasarlanmıştır.

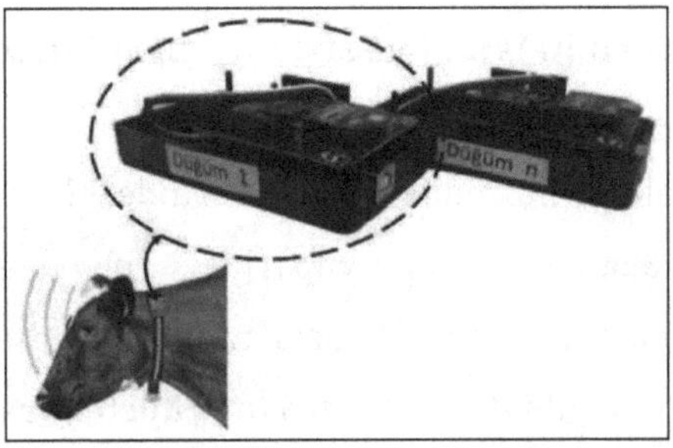

Şekil 5.1. Hayvanların boyunlarındaki düğümler

Modüllerden gönderilen verilerin izleme sistemine aktarılması için Şekil 5.2.'de görülen ağ geçidi kullanılmıştır. Modüller ve ağ geçidi arasındaki mesafe 150m'den fazla olacaksa modüllerin radyo bölümü daha güçlü bir modelle değiştirilerek 1km'ye kadar mesafe artırılabilir. Mesafe daha fazla ise router ile bu mesafe kilometrelerce artırılabilmektedir.

Şekil 5.2. Ağ geçidi

İzleme sistemi yazılımının altyapısında kullanılan MSSQL veri tabanı sayesinde bilgilerin online olarak internet üzerinden de izlenmebilmesine olanak tanınmıştır. Şekil 5.3.'te görülen web arayüzünde 24 saatlik, 7 günlük ve 42 günlük aktivite verilerine ulaşılabilmektedir.

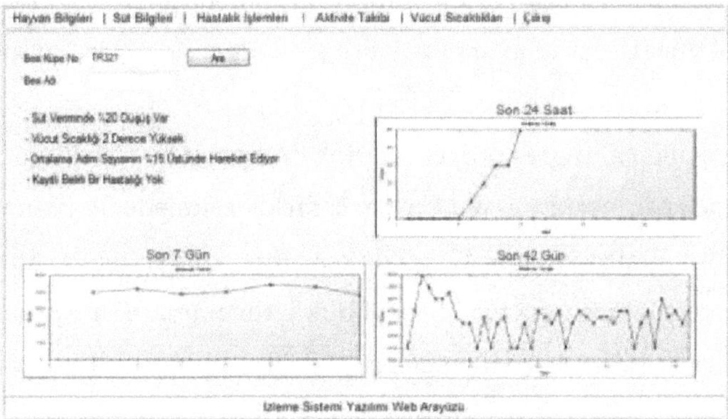

Şekil 5.3. İzleme sistemi yazılımı web arayüzü

5.2. Hayvana Ait Aktivitenin Takibi Ve Kızgınlık Durum Tespiti

Hayvana ait adım sayıları hayvanın akvitesinin az ya da çok olduğunun göstergesidir. Normal şartlarda merada ya da çiftlik bir hayvanın gün içerisindeki ortalama adım sayıları çok farklılık göstermez. Ancak kızgınlık döneminin olduğu vakitlerde %20'ye yakın artış görülebilmektedir. Bir hayvanın ortalama adım sayısı bazı programlar tarafından sabit bir değer kabul edilebilir. Örneğin 4 yaşındaki bir inek günde 3000 adım atıyor denilebilir. Ancak sistemin daha stabil çalışabilmesi için hayvanın önceki 42 gün boyunca yani en az 2 kızgınlık dönemi boyunca takibinin yapılması gerekmektedir. Hayvanın bu 42 günlük süreçte kızgınlık döneminin olduğu vakitler ve normal saatlerdeki adım sayıları kaydedilmeli ve sonrasında hayvana ait kızgınlık tespiti yapılırken bu değerler göz önünde bulundurulmalıdır.

Otomasyonun bu kısmında da hayvana ait son 42 günlük ortalama adım sayıları üzerine yorum yapan bir algoritma yer almaktadır. Eğer hayvanın takip edildiği saatlerde adım sayılarında %20 ye yakın bir artış varsa kızgınlık belirtisi olabilir. Sistem aynı zamanda karar verirken o günlük süt verimini ve hayvanın vücut sıcaklığınıda dikkate alır. Hayvanın belirli bir rahatsızlığı yok ise süt verimindeki düşüş ve vücut sıcaklığındaki artış kızgınlık durumunu gösterir.

Şekil 5.4.'te görülen aktivite takip ekranında ilk olarak hayvan küpe numarası ya da besi adına göre aranır. Daha sonra 3 farklı sekmede hayvana ait son 24 saatlik, son 1 haftalık ve son 42 günlük akvitie verileri gelir. Son 24 saatlik verilerin geldiği ekranda eğer kızglınlık durumunun tespitine yardımcı olabilecek süt verimi azalışı, vücut sıcaklığı değişmeleri var ise kullanıcı uyarılır.

Şekil 5.4.'te sol kısımda görülen rakamlar hayvanın saat bazında attığı adım sayısını göstermektedir. Aşağıda yer alan rakamlar ise 24 saati temsil etmektedir. Şekilden görüldüğü üzere hayvanın adım sayısı bazında hareket etmediği, saat 5 ten sonra ise yavaş yavaş hareketlenmeye başladığı görülmektedir.

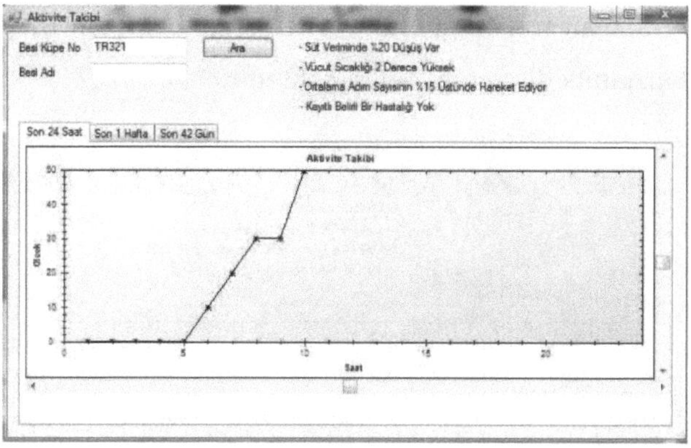

Şekil 5.4. Aktivite takip ekranı son 24 saatlik veriler

Şekil 5.5.'te hayvana ait son 1 haftalık adım aktivite bilgileri görülmektedir. Görüldüğü üzere hayvanın son 1 haftalık adım sayıları ortalama olarak 3800 ile 4400 arası değişiklik göstermiştir. Günlük bazde dikkate alındığında hayvana ait çok fazla hareketlilik, ya da tam tersine akvitenin diğer günlere az olduğu gün bulunmamaktadır. Bu da hayvanın günlük değerlerinin normal takip ettiğini göstermektedir.

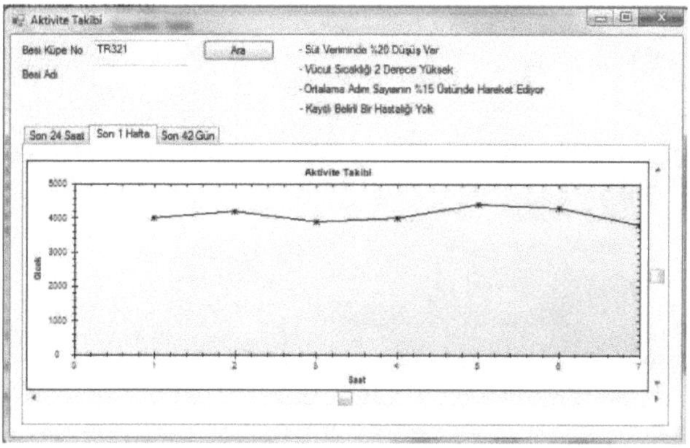

Şekil 5.5. Aktivite takip ekranı son 1 haftalık veriler

Şekil 5.6.'da hayvana ait son 42 günlük veriler görülmektedir. Bu yaklaşık olarak hayvanın son 2 kızgınlık dönemini belirtmektedir.

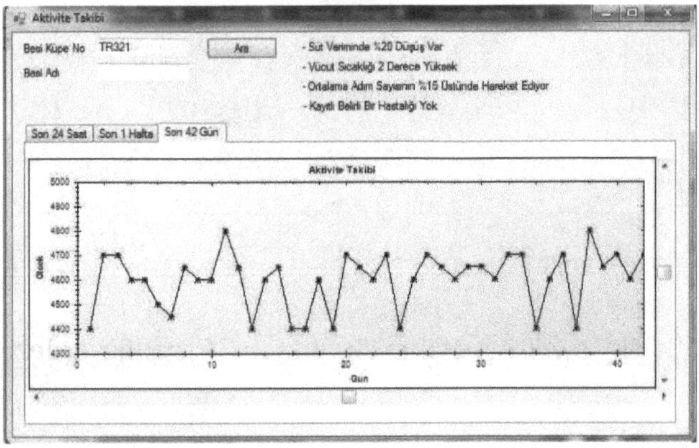

Şekil 5.6. Aktivite takip ekranı son 42 günlük veriler

Hayvanın 13. ve 38. günlerdeki adım sayılarının diğer günlere oranla biraz daha yüksek olduğu görülmektedir. Bu da hayvanın o günlerde aktivite göstermiş olabileceği anlamına gelmektedir.

6. TARTIŞMA VE SONUÇLAR

Kablosuz Algılayıcı Ağlar (KAA), uzaktan, kablosuz gerçek zamanlı veri aktarma ve kontrol amacı ile birçok alanda uygulamaların geliştirilebildiği önemli bir haberleşme teknolojisidir.

Bu yükseklisans tezinde, KAA haberleşme teknolojisi özelliklerden faydalanılarak mera hayvanlarının vücut sıcaklıkları ve hareketlilikleri izlenmiştir. Bu sayede hayvanların vücut sıcaklıklarında değişime neden olan hastalıkların ve hareketliliğe (aktiviteye) de bağlı olan kızgınlık tespitinde çiftçiye destek verilmiştir.

Çalışma kapsamında geliştirilen sistemin donanımı XBee modülleri, ağ geçidi, sıcaklık ve ivmesensörlerinden oluşmaktadır. Yazılım olarak ise, önce modüller için algılama ve haberleşmeye yönelik algoritmalar geliştirilmiş, sonra izleme sistemi için bir Windows uygulaması geliştirilerek veri depolama, analizi ve raporlama yapılmıştır. Raporlar her hayvan için 24 saatlik, 1 haftalık ve 42 günlük verilerinin grafiklerinden oluşmaktadır. Ayrıca adım sayıları ve vücut sıcaklığı değişim miktarı da raporlardan izlenebilmektedir. Daha sonra da internet üzerinden izlenmesi için bir web uygulaması geliştirilmiştir.

Araştırma sonunda KAA teknolojisinin mera hayvanlarının izlenmesinde uygun teknolojisi olduğu anlaşılmıştır.

Daha sonraki çalışmalarda modül üzerindeki sensör sayısı ve özelliklerinin artırılması, bunlara bağlı olarak izleme sistemi analizi ve raporlarının çoğaltılması sağlanabilir. Bu sisteme mera dışında besi hayvancılığına yönelik başka çiftlik otomasyon modülleri de eklenerek sürü otomasyonu haline dönüştürülebilir.

KAYNAKLAR

Akgün, V., 2010. Kablosuz Algılayıcı Ağlarda Bağlantı Sayısının Sınırlandırılmasının Ağ Ömrü Üzerindeki Etkilerinin İncelenmesi, TOBB Ekonomi ve Teknoloji Üniversitesi Fen Bilimleri Enstitüsü, Yüksek Lisans Tezi, 55s, Ankara.

Akyıldız, I.F., 2002. Wireless Sensor Networks : A Survey,Computer Networks, 38(4), 393-422.

Arslan, O., 2009. ZigBee ile Bina İçi Güvenlik Otomasyon Sistemi. İsstanbul Teknik Üniversitesi, Fen Bilimleri Enstitüsü, Yüksek Lisans Tezi, 72s, Ankara.

Babalık, A.A., 2013. Mera Amenajmanı. Erişim Tarihi: 11.05.2013. http://ormanweb.sdu.edu.tr/dersler/ababalik/mera_amenajmani.pdf.

Bandırmalı, N., 2010. Yeni bir kablosuz algılayıcı ağ veri bağı katmanı güvenlik protokolü tasarımı, Fen Bilimleri Enstitüsü, Doktora Tezi, 121s, Kocaeli.

Berber, S., 2013. Heatime Kızgınlık Takip Sistemi. Erişim Tarihi: 04.04.2013 http://www.mosttek.com/urunlerimiz/scr-kzgnlk-takip-sistemi.

Bilgen, O., 2007. Kablosuz Sensör Ağlarının Düğüm Davranış Senaryoları. Bahçeşehir Üniversitesi, Fen Bilimleri Enstitüsü, Yüksek Lisans Tezi, 144s, Ankara.

Burrell, J., 2004. Vineyard computing : sensor Networks in agricultural production. IEEE Pervasive, 3(1), 38-45.

Bulusu, N., 2001. Scalable coordination for wireless sensor Networks : self- configuring localization systems. 6th IEEE International Symposium on Communucation Theory and Application, 13.04.2001, Cumbria UK, 56-58.

Catlin, W., 2002. Smart sensor projects takes flight-boeing pressure belt to measure airplane wing stress. InTech, 6(4), 44-48.

Chan, H., 2003. Security and Privacy in Sensor Networks. Computer, 12, 103- 105.

Chang, T., 2000. Maximum Lifetime Routing in Wireless Sensor Networks, 11 Mart 2000, College Park, 71-77.

Chong, C., 2003. Sensor Networks : Evolution Opportunities and Challgenges. In Proceedings of IEEE, 91(8), 1247-1256.

Çakır, A,, Aksoy, A. ve Haşimoğlu, S., 1995. Çiftlik Hayvanlarının Uygulamalı Besleme ve Yemlemesi, Atatürk Üniversitesi Yayınları, 79, 413s, Erzurum.

Çakıroğlu , M., 2006. Kablosuz algılayıcı ağlar için dinamik kanal atlamalı güvenlik sistemi tasarımı, Fen Bilimleri Enstitüsü, Doktora Tezi, 183s, Sakarya.

Çelik, G., 2002. "Simulation Modelling And Analysis Of Border Security System". 1, 5.

Duru, H., 2013. Hayvan Kimlik Sistemi. Erişim Tarihi: 04.04.2013 http://www.duruplastik.com/hayvancilik/genelbilgi.html

Erginöz N., 2008. Kablosuz algılayıcı ağlarında sıcak nokta probleminin çözümü için yöntemler, Fen Bilimleri Enstitüsü, Yüksek Lisans Tezi, 76s, Ankara.

Feng, J., Koushanfar, F., Potkonjak, M., 2005. Handbook of Sensor Networks Compact Wireless and Wired Sensing Systems. Sensor Network Architecture, 4, 34-37.

Ganesan D., Govından R., Shenker S., Estrın D., 2001. Highly-resilient, energy- efficient multipath routing in wireless sensor networks. Communications Review, 4(5), 85-89.

Glover, A., 2009. Antenna and Base-Station Diversity for WSN Livestock Monitoring Wireless Sensor Network, 1, 383-396.

Gökkuş, A. ve Koç, A., 2001. Mera ve Çayır Yönetimi. Atatürk Üniversitesi Ziraat Fakültesi Ders Yayınları No:228, 329 s. Erzurum.

Göreke, V., 2011. Kablosuz Algılayıcı Ağlar İle Yaşamsal İşaretlerin Takibi. Cumhuriyet Üniversitesi Fen Bilimleri Enstitüsü, Yüksek Lisans Tezi, 72s, Erzurum.

He. Y., Lee, I., Guan, L., 2007. Network Lifetime Maximization in Wireless Visual Sensor Networks Using a Distributed Algorithm. IEEE International Conference on Multimedia and Expo, 5, 2174-2177.

Horvath, R. and Prohaszka, K., 1976. Data on the nutritive element content of grassland vegetation. Novenytermeles, 25(1), 51-56.

Johnson R.C., 2002. Sandia enlists MEMS for anti-terror systems. Erişim Tarihi: 05.12.2010. http://www.eet.com/at/.

Kalaycı, T.E., 2005. Kablosuz Sensör Ağları ve Uygulamaları. Akademik Bilişim, 11-13 Şubat 2009, Şanlıurfa, 10-12.

Kara A., 2009. Meraya dayalı hayvancılık yapan işletmelerin sosyoekonomik analizi ve mera kalitesinin işletme başarısına etkisi : Erzurum ili örneği, Fen Bilimleri Enstitüsü, Doktora Tezi, 249s, Erzurum.

Karasulu B., Toker L., Korukoğlu S., 2010. ZigBee - IEEE 802.15.4 Standardı Temelli Kablosuz Algılayıcı Ağlar, Yüksek Lisans Tezi, 70s, Ege Üniversitesi

Knott, T., 2004. Smart surrogates. Erişim Tarihi: 09.04.2004. http://www.bp.com/liveassets/bp_internet/globalbp/STAGING/global_ assets/images/fr/downloads/Frontiers_magazine_issue_09_smart_surro gates.pf.

Koubâa A., Alves M., Tovar E., 2005. Lower Protocol Layers for Wireless Sensor Networks: A Survey. 1, 17.

Kozan, B., 2011. Hayvancılık. Erişim Tarihi: 14.07.2011. http://kozanbilgi.net/forum-oku-33555-hayvancilik_nedir.html.

Küçük K.., 2011. Akıllı anten sistemi kullanan kablosuz algılayıcı ağlarda bağlantı analizi ve konum belirleme algoritması, Fen Bilimleri Enstitüsü, Doktora Tezi, 211s, Kocaeli.

Kuş M., 2011. Kablosuz Algılayıcı Ağlar İçin İnternet Tabanlo İzleme Sistemi Tasarımı, Fen Bilimleri Enstitüsü, Yüksek Lisans Tezi, 53s, Sakarya.

Lin Y.H., Jan I.C., Chow P., Chen Y., Wong J.M., Jan G., 2004. A Wireless PDABased Physiological Monitoring System for Patient Transport IEEE Transactions On Information. Technology In Biomedicine, 8(4), 233-239.

Lokhorst, K., 2011. WSN for healthy. IST-034963, 9.

Mainwaring A., Culler D., Polastre J., Szewczyk R., Anderson J., 2002. Wireless sensor networks for habitat monitoring, Proceedings of the 1st ACM international workshop on Wireless sensor networks and applications. ACM Press, 58, 88-97

Merrill, W. M., Newberg, F., Sohrabi, K., Kaiser, W., Pottie, G., 2003. Collaborative Networking Requirements for Unattended Ground Sensor Systems. IEEE Aerospace Conference, Mart 2003, Montana, 5-12.

Mohammad, I., Mahgoub, I., 2004. Handbook of Sensor Networks: Compact Wireless and Wired Sensing Systems. CRC Press, 84, 68-72.

Odabaşı, Ş.D. ve Zaim A.H., 2010., Kablosuz Sensör Ağlar ve Güvenlik Problemleri. 3. Ağ ve Bilgi Güvenliği Ulusal Sempozyumu, Şubat 2010, Ankara, 44-58.

Ören, T. 1998. Bilişimde Özenli Türkçe. Erişim Tarihi: 23.05.2012. http://www.site.uottawa.ca/~oren/pubs/pubs-1998/pubs-1998-03-BOT.pdf

Özen, N., Çakır, A., Haşimoğlu, S. ve Aksoy, A., 1993. Yemler ve Yem Teknolojisi. Atatürk Üniversitesi Ziraat Fakültesi Ders Notları No: 50, Atatürk Üniversitesi Ziraat Fakültesi Ofset Tesisi, 254s, Erzurum.

Perrig, A., Szewzyk, R., Tygar, J.D., Wen, V., Culler, D.E., 2000. SPINS: security Protocols for Sensor Networks. Wireless Networks, 8, 521-534.

Rabaey J., Arens E., Federspıel C., Gadgıl A., Messerschmıtt D., Nazaroff W., PISTER K., 2001. Smart energy distribution and consumption: Information technology as an enabling force. Erişim Tarihi: 09.12.2001. http://bwrc.eecs.berkeley.edu/Publications/2001/samrt_energy_dist_co nsump/SmartEnergy.pdf.

Ruppe D., 2005. Nations to discuss using nuclear test sensors as tsunami warning system. Global Security Newswire, 1, 134-138.

Shen, C., Srisathapornphat, C., and Jaikaeo, C., 2001. Sensor information networkin architecture and applications. IEEE Personal Communications, 8(4), 52-59.

Shi, E., Perrig, A., 2004. Designing Secure Sensor Networks. Communications Magazine, 7, 4-7.

Sırma N., 2006. Kablosuz Algılayıcı Ağların OMNeT++ ile Benzetimi, Fen Bilimleri Enstitüsü, Yüksek Lisans Tezi, 154s,Kocaeli

Taş, V., 2010. Kablosuz Sensör Ağlarının Karasal Hudut Güvenliğinde Kullanılması Hakkında Bir Öneri, Fen Bilimleri Enstitüsü, Yüksek Lisans Tezi, 84s, İstanbul.

Tümer, A.E., 2011. Bina İçi Kablosuz Algılayıcı Ağlar İçin Enerji Verimli Yönlendirme Protokollerinin Geliştirilmesi, Fen Bilimleri Enstitüsü, Doktora Tezi, 84s, Konya.

Türker G.F., 2011. Kalp Atışının Sezilmesi Ve Alınan Sinyalin Kablosuz Algılayıcı Ağlar İle İletimi, Fen Bilimleri Enstitüsü, Yüksek Lisans Tezi, 53s, Muğla.

Uzun N., 2012. Mera Hayvancılığında Uydu Görüntü İşleme Teknikleri Ve Coğrafi Bilgi Sistemi Kullanımı, Fen Bilimleri Enstitüsü, Yüksek Lisans Tezi, 71s, Isparta

Yıldırım K.S., 2012. Kablosuz Algılayıcı Ağlarında Saat Eşzamanlaması, Fen Bilimleri Enstitüsü, Doktora Tezi, 121s, İzmir

Yıldız, G., 2013. Çiftçiye yapılacak en büyük destek, çayır ve mera alanlarının genişletilmesi ve ıslah edilmesidir. Erişim Tarihi: 06.02.2013. http://blog.milliyet.com.tr/ciftciye-yapilacak-en-buyuk-destek--cayir-ve-mera-alanlarinin-genisletilmesi-ve-hedilmesidir/Blog/?BlogNo=400956.

Walters John P., Zhengqiang L., Weısong S., Chaudhary W., 2006. Wireless Sensor Network Security: A Survey, Security in Distributed, Grid, and Pervasive Computing, CRC Press, 4, 78-79.

FSC
www.fsc.org
MIX
Papier | Fördert
gute Waldnutzung
FSC® C083411

Kolibri 360 GmbH
Ferdinand-Jühlke-Straße 7
99095 Erfurt, Deutschland
produktsicherheit@kolibri360.de

Druck:
CPI Druckdienstleistungen GmbH
im Auftrag der
Kolibri 360 GmbH
Ferdinand-Jühlke-Str. 7
99095 Erfurt